青春文庫

ワンランク
品のよくなる英会話

田村明子

JN061684

青春出版社

「どうすれば、英語は早くうまくなりますか？」

「英語に敬語はありますか？」

「英語に男女の違いってあるの？」

「女性らしい英語って、たとえばどんな英語ですか？」

　英語に関するいろいろな質問が、私のところに寄せられます。

　15歳で留学を希望し、日本を後にしてから長い年月がたちました。今では呼吸をするのと同じくらい自然に英語が出てきます。でも気がついたら身についていた、というわけではありません。米国に移住して英語を話す人々に囲まれて生活をしていても、やはり「覚えよう」「もっとうまくなりたい」という意識がなければ、なかなか進歩はしないもの。私もあれこれ失敗し、時には恥ずかしい思いをしながら、少しずつ学んでいったのです。

　そんな中で、私たち日本人にもっとも足りないものは、英文法や英単語の知識などではなく、英語を使いこなすためのソーシャルスキル／社交術だ、と常々感じていました。言語能力を生かすも殺すも、話す相手にどれほど好感を持

ってもらえるかで決まると言ってもいいでしょう。

　どれほど好感度の高い、相手に好ましい印象を与える英会話をすることができるのかどうかが、英語で過ごす人生そのものを左右するといっても過言ではありません。

　知性と品格を感じさせる英会話というのは、この国で暮らすようになってからずっと私の頭の中にあった課題の一つでした。TOEICや英検の試験には決して出てくることはないけれど、英語を駆使していく中でもっとも大切なことではないかと私は思っているのです。

　それは、単なる表現や言い回しだけにとどまりません。

　あいさつは笑顔でするもの、店員さんに話しかけられたら必ず返事をする、見知らぬ人と会話を始めるコツなども、英語を使う上で必要になる大切なソーシャルスキルです。こういった社会習慣を知っておくのと、知らないのとでは、英語社会に順応するスピードがまるで違います。

　先日、日本に帰国して面白い光景を目にしました。あるレストランで朝食をとっていると、隣のテーブルにスーツ姿の男性が座りました。

　ウェイトレスがメニューを持ってきました。

「いらっしゃいませ。おはようございます」

「……」

「メニューはAセットとBセットとがございますが、どちらになさいますか?」

「A」

「承知いたしました。ありがとうございます」

「……」

「お飲み物は、どうぞご自由にお取りください」

「……」

「ではすぐにお持ちいたしますので、少々お待ちいただけますか」

「……」

このような男性は、成田の出国手続きのときに足止めをして決して国外に出さないでいただきたいものだ、としみじみ思いました。英語になったとたんに別の人格になるのなら話は別ですが、この人物が英語社会でもこのままの態度を貫いたとすれば、たとえ英検一級レベルの知識を持っていたとしても、上手に人間関係を築くことは絶対にない、と断言できます。

あなたの英会話体験が、あなたにとっても相手にとっても、楽しく、心地よく、実りあるものでありますように。そんな願いを込めて、本書を書きました。

Chapter 3

ショッピング・観劇・美術館を楽しむ
洗練された大人の英会話

Chapter 4

レストランで美味しく心地よく…
グルメな人のよくばり英会話

企画・編集協力◇中山圭子
本文デザイン◇浦郷和美
DTP◇森の印刷屋

Chapter

1

社交上手な人が話している

「愛される英会話」ちょっとしたコツ

愛される英語の第一歩は…

「Hi, how are you?」

「田村さん、知り合いのお嬢さんがニューヨークに行くので、会ってあげてくれないかしら」

　ニューヨークに住んでいると、こんな電話がよくかかってきます。これまで数え切れない人数の日本人と、ニューヨークで一緒に食事をしたり、観光案内やお買い物に付き合ったりしてきました。年齢、性別、職業、もちろん、英会話力も個人によってそれぞれでした。

　そんな中で、もっとも印象に残っているのは、若い女性のＡさんでした。ティファニーで買い物がしたい、という彼女にお付き合いして、私も普段はあまりご縁のない五番街と57丁目の角にある本店に足を踏み入れたのです。

　天井の高い広々とした１階のフロアは、いかにもティファニーらしいシルバーアクセサリーを中心においています。Ａさんは熱心にショーケースを見ていましたが、気に入ったものが見つかったようです。

「How much is this?」

　Ａさんが店員に聞きました。すると驚いたことにその店員はこらえきれないように、一瞬だけぷっとふきだしたの

です。でも高級ブティックの店員らしく、瞬時にして真面目な表情を取り戻して、「**This is five hundred dollars.**」と答えました。

品物に集中していたＡさんは、笑われたことに気がついていません。横にいて一部始終を見ていた私は、ちょっとショックを受けました。

お店で商品の値段を知りたかったら「**How much is this?**」で間違っていません。それなのに、なぜＡさんは店員に失笑されたのでしょう。

Ａさんは、日本の一流大学の英文科を出ていました。値段を聞くくらい大丈夫という自信があったのでしょう。発音も、別に問題があったわけでもありません。

でもいくら観光旅行の買い物とはいえ、英会話にも前置き、前奏のようなものが必要です。Ａさんはそれをいっさいはぶいてしまっていました。

中でももっとも大切なのは、まず話す相手と視線を合わせる、アイコンタクトをすることです。

ところがＡさんは店員の顔を一度もきちんと見ないまま、ガラスケースにおでこがくっつきそうにして商品をのぞき込み、いきなり指を突き出して、子供のように甲高い声で、「ハウマッチ、イズ、ディス？」（これいくら？）。

Ａさんは洋服もセンスよく清楚なイメージの人でした。

だからこそ、洗練された見かけと、彼女の態度のギャップがこっけいに見えてしまったのかもしれません。

　英語に限ったことではありませんが、会話術というのは、言語だけが一人歩きするわけではありません。

　＊あなたの視線と顔の表情
　＊姿勢（これは特に外国では、とても大切です）
　＊社交マナー
　＊声のトーン
　＊しぐさの一つひとつ

　これらのすべてが、あなたの口から出てくる言葉と同じくらい相手にメッセージを伝えているのです。

　まず店員さんと視線を合わせて、ニッコリ微笑みあいさつをしましょう。

　お店がそれほど混んでいなくて相手にも余裕があれば、いきなり「**Excuse me.**」よりも「**Hi, how are you?**」がおすすめです。相手は店員さんですから、「**How are you?**」と聞いたところで延々と身の上話をしてくることはありませんので、ご安心を。

　「**I'm well, thank you.　May I help you?**」（元気です。ありがとう。何かお役に立てることはありますか？）

「Yes, can you tell me how much this is?」

（ええ、これはおいくらか教えていただけます？）

　高級ブティックでなら、このくらいのゆとりを持った聞き方をしたいもの。ごく自然ですし、エレガントです。

　いくら単語力には自信があっても、TOEICで高得点を取った実績があっても、それだけでは人の心をつかむ英会話はできません。

　自分が他者の目にどのように映っているのか、それを常に把握しておく客観性はとても大切。ゆとりをもって、会話はまずあいさつからはじめましょう。

　ゆっくり見せてもらいたい場合、日本人は「Just looking.」と言いますが、声のトーンに気をつけないとかなりぶっきらぼうな印象になります。

「Just looking, thank you.」

　と、最後にサンキューを加えるだけでぐっとエレガントな印象になります。先日は、アメリカ人の女性がこんな言い方をしているのを耳にしました。

「I'm just browsing.」

　コンピューターのブラウザーのブラウジングです。閲覧する、斜め読みするなどの意味がありますが、この場合は単に「何とはなく見て歩いている」という意味になります。

　私のお気に入りとなり、使わせてもらっています。

品のある人はよく微笑む

「Hello!」

　私の知り合いに、特殊な能力を持った女性がいます。

　私が住んでいるアパートメントは来客があると、まずドアマンからインターカムに連絡があるのですが、彼女はなぜか止められることもなく、毎回フリーパス。

「ドアマンに何か言われなかった？」

「いいえ。**Hello** とニッコリして通ったら、**Hello** と返事が返ってきたけど」

　なるほど、彼女はとてもすてきな笑顔の持ち主。うちのドアマンたちは、まんまと彼女の笑顔にやられたのです。

　まるで長いこと会わなかった友だちに再会したときのような、自然な美しい笑顔で「**Hello.**」と言われて、「**How can I help you?**」（なんの御用でしょう）と咄嗟に言えなかったドアマンの気持ちもわからないでもありません。笑顔の威力を、再認識させられました。

　西洋人が他人にごく自然に微笑むのは、物騒な時代に相手に害意がないことを示すためにはじまった習慣だと言われています。まだ言葉を覚えたての子供でも、見知らぬ人に愛想笑いをすることを知っています。でも私たち日本人

16

は、他人に向かって特に理由もなく微笑むようには育てられてきませんでした。そんなことをしたら、かえって怪しまれてしまいます。

でも海外に出たら、どうぞ気前よくたっぷりと微笑んでください。笑顔は、英会話の大切な一部と言っても大げさではありません。

私もどこの国の入国審査のときも、必ずニッコリ微笑んでパスポートを差し出すことにしています。笑顔は「アヤシイものではございません」という意思表示です。だから、という訳でもないかもしれませんが、これまで入国審査で手間取ったことは一度もありません。

笑顔の持つパワーを学術的に研究している米国のロン・ガットマンという人によると、笑顔をより多く見せる人は、フレンドリーで幸せそうに見えるだけでなく、**competent**、有能そうに見えるとか。

確かに微笑んでいる人は自分に自信があり、心に余裕があるように見えます。おまけに、笑顔をたくさん見せる人は、長生きをするという統計が出ているそうなので、いいことだらけではありませんか。

そうわかっていても、私自身も、気がつくと地下鉄の窓に映る自分の口がへの字になっていて慌てることがあります。周りに知っている人もいないし、空中を見てにんまり

一人笑いをするというのは、ちょっと……。そんなときは、頬の筋肉のエクササイズをするように、ちょっとほっぺたを意識してきゅっと引き上げます。

　どんな女性も、ニッコリ笑えば美人度もぐっと上がり、そして若々しく見えます。笑顔の効力をフルに活用しましょう。

　便利なことに、「**Hi.**」「**Hello.**」「**Hey.**」「**How are you?**」と、英語のあいさつはHではじまる単語がほとんどです。

　このHの音をきれいに発音するためには、頬の筋肉をきゅっと引き上げる必要があります。ついでに口角をちょっと上げれば、自然に笑顔ができあがり。無愛想な顔で「**Hello.**」というのは、意外と難しいものです。

　もしかすると、あいさつは笑顔でするもの、という先人たちの知恵なのではないでしょうか。視線をあげて相手の目を見つめ、微笑みながら、

「**Hello, how are you?**」

「**How are you doing today?**」

　こんな簡単なことで、間違いなく好印象を与えることができます。

　さあ、鏡の前で練習してみてください。

お気に入りの店でVIPになるコツ

「By the way, I'm Akiko.」

　友人のジェニファーは、とても知り合いが多い人。そし
てどこに行っても人気者です。

　郵便局でも、コーヒーショップでも、店員さんは、

「**Hi, Jennifer! How are you today?**」と声をかけています。

　ジェニファーも、親しげに応えています。

「**Hi, Bob. I'm doing great.　How are you?**」

　彼女と一緒にレストランに行くと、やたらサービスをさ
れます。イタリアンを食べた後に食後酒のグラッパの小さ
なグラスが出てきたこともありました。

「**Thank you, Tony.**」と、お礼を言っています。

「**How do you know his name?**」

（なぜ彼の名前を知っているの？）

「**Oh, I introduced myself.**」

（あら、だって自己紹介したもの）

　以前にそのお店に来たときに、マネジャーとちょっとし
た雑談をして、

「**By the way, I'm Jennifer.**」

（ところで、私はジェニファーよ）

と自己紹介をしたそうなのです。

「I'm Tony. Nice to meet you, Jennifer」

（ぼくはトニーです。お近づきになれて嬉しいです）

　相手はそのように、答えてくれます。

　それ以来、お店に行くと、必ずジェニファーには愛想よく声をかけてくるようになったそうです。

　レストランのマネジャーや店員さんだって、当たり前ですが人間です。フレンドリーなお客には、ついサービスしたくなるのは人情でしょう。別にサービス目当てでなくても、誰に対してもにこやかで愛想がよい女性は魅力的。幸せそうで輝いて見えます。

　何年も同じスーパーやレストランに通っているのに、店員さんの名前を１人も知らない私は、深く反省しました。

　レストランが気に入ったなら、お店を出る前にオーナーかマネージャーに自己紹介をしておきましょう。

「Are you the manager? I enjoyed the meal very much.」

（マネージャーの方ですか？　お食事、美味しかったです）

「Oh, thank you. My name is David.」

（ありがとうございます。私はデイビッドです）

「Nice to meet you, David. I'm Akiko.」

（知り合いになれて嬉しいです。アキコです）

　これであなたも、次からは常連さんです。

隣り合った人と"ささやかな会話"を

「Good morning.」

　国際人を目指す貴女なら、英語を覚えるだけでなく、どんな状況でどのような会話をするのが適切なのか、ということも身につけてください。

　英語圏、特に北米社会では、見ず知らずの人と言葉を交わす機会が、日本にいるときよりもずっと多くなります。

　エレベーターを待っている間、乗り込んでからの中などで、人々は実に気軽に話しかけてきます。

　乗り込むときは、「**Good morning.**」あるいは、「**Hi.**」と軽く会釈をします。

　降りるときは、「**Good night.**」「**Enjoy your evening.**」などと声を掛け合います。

　時には、こんな会話もあります。

「**Is it still raining out?**」

（まだ雨降っています？）

「**Oh, I haven't been out today. I really don't know.**」

（今日はまだ外に出ていないから、わからないわ）

相手が見ず知らずの他人でも、こんな会話は珍しくあり
ません。

　赤ちゃんをベビーカートに乗せた人が、エレベーターに
乗ってきました。子供好きの人々は、みんな赤ちゃんをの
ぞき込みます。人懐こい、ご機嫌のいい赤ちゃんだと周り
が、「**Hi!**」と赤ん坊にあいさつをはじめます。

「**She's so beautiful.**」
（可愛いですね）
「**Oh, thank you.**」
（ありがとう）
「**How old is she?**」
（いくつですか？）
「**She's eight months.**」
（8ヵ月です）
「**What's her name?**」
（お名前は？）
「**Tracy.**」
（トレイシー）

　さて、降りる階になりました。

「**Good-bye, Tracy!**」

（トレイシーちゃん、バイバイ）

　赤ちゃんに手を振りながら、エレベーターを降ります。こんなささやかな会話をするだけで、その日は何となく気分良くいられます。

　外国人の友だちがなかなかできない、外国人の知り合いがいないから英語を話す機会がない。そう感じている人は、旅先のホテルのエレベーターなどで行き逢った相手との機会も無駄にせずに、積極的に会話を楽しみましょう。

会話がはずむ「ほめる英語」

　アメリカ人は、一般的にとてもほめ上手です。私たち日本人なら、「ちょっといいな」と心の中でとどめておくようなことでも、積極的に言葉に出して相手をほめます。

　先日、地下鉄の中で中年の女性に声をかけられました。

「I love your bag.」

（そのバッグ、すてきですね）

「Oh, thank you.」

（ありがとう）

「May I ask where you bought it?」

（どちらでお求めになったのか、聞いてもいいですか？）

「I bought it at Bloomingdales.」

（ブルーミングデールズで買ったの）

「It is beautiful!」

（すてきだわ）

　こんな会話を交わしたあとは、1日気分がいいものです。ほめ言葉をかけられると、ちょっとした贈り物をもらった気分になります。

　日本社会の習慣では、いきなり見知らぬ相手に「その服、すてきですね」なんて声をかけられたら、ちょっとびっくりして

警戒されてしまうかもしれません。

　でも英語社会では普通のことですから、気持ちを切り替えて思い切ってほめてみましょう。

「What a beautiful baby!」

（何て可愛らしい赤ちゃん！）

「I like your haircut.」

（すてきな髪型ですね）

「The color of your hair is beautiful.」

（きれいな髪の色ですね）

「I was admiring your shoes.」

（靴に見とれていました）

「That's a nice jacket.」

（いいジャケットですね）

　人をほめるのに、特別な理由はいりません。ちょっとでもいいな、と思ったら、気前よくどんどんほめましょう。

「You have great posture.」

（姿勢がいいですね）

　なんて言われたこともあります。エレベーターの中、電車の中、スーパーのレジ、買い物したときの店員さんなど、ほめる相手はどこにでもいます。ふとしたほめ言葉から、何か楽しい会話がはじまるかもしれません。ぜひお試しを。

相手の心をとらえる Always の使い方

「You are always perfect!」

　昨日、近所の郵便局に行きました。住所、税関用の書類などを記入してエアメールのステッカーを張った小包をカウンターの上に載せました。

「**You are always perfect!**」

（きみはいつも完璧だ！）

　顔見知りの郵便局員のおじさんにそう言われて、思わず照れてしまいました。私に限らず日本人は几帳面なので、小包の作り方も一般のアメリカ人よりずっと丁寧に見えるのでしょう。なんだか、学校の先生にほめられたみたいに嬉しくなってしまいました。

　顔見知りや友人をほめるとき、もちろん洋服や髪型をほめるのもいいのですけれど、もう一歩個人的に踏み込んだほめ方をすると、ぐっときます。

　どんな人も、自分に興味を持ってくれている人には、心を惹（ひ）かれます。（それが病的な表現にならない限り、ですが）普段からあなたを見ていましたよ、というメッセージをほめ言葉に加えると、必ず相手の心に響くでしょう。

「**Do you remember the name of the restaurant we went to**

last time?」

（この前一緒に行ったレストランの名前、覚えている？）

「It was Landmarc, I believe.」

（ランドマークじゃなかったかしら）

「I knew you'd remember. You always remember everything.」

（あなたなら覚えているだろうと思ったわ。いつも何でも覚えているものね）

　こんなほめられ方をすると、いつもそう思っていてくれたのか、とちょっと感動してしまいます。**Always** の言葉が決め手です。

「You always dress so elegantly.」

（いつもエレガントな装いですね）

「You are always so organized.」

（いつも整理整頓ができていますよね）

「You always seem to know the right answer.」

（いつも正解を知っているんですね）

　いろんな状況で、いろんな形容で使えます。

　どんな人にでも何か取り柄はあるもの。言葉の贈り物をしたくなったときに、言ってみてください。必ず相手の心に一生残る一言になるでしょう。

＊買い物中に…

「I'm just browsing, thank you.」
（ちょっと見ているだけなの。ありがとう）

＊いつも会う人に…

「How are you doing today?」
（調子はどう？）

＊レストランのオーナー（マネージャー）に…

「Nice to meet you, David. I'm Akiko.」
（知り合いになれて嬉しいです。アキコです）

＊乗り物で一緒になった人に…

「What a beautiful baby!」
（何て可愛らしい赤ちゃん！）

「I like your hair cut.」
（すてきな髪型ですね）

「I was admiring your shoes.」
（靴に見とれていました）

＊ほめたい相手に…

「You always dress so elegantly.」
（いつもエレガントな装いですね）

「You always express things so well.」
（いつもわかりやすく表現してくれますよね）

Chapter
2

飛行機で、入国審査で、タクシーで…

スマートな印象の
英会話

エコノミークラスを快適に過ごす

「I'd like an aisle seat.」

　海外へ行く機会が多い人にとって、飛行機の中をどう快適に過ごすかというのは切実な問題です。

　長年の経験で覚えた、飛行機の中で快適に過ごすための、ちょっとしたコツをあなたにもお分けしましょう。

　ファーストクラスやビジネスクラスに乗った場合は、「快適な空の旅」で当たり前です。それだけの料金を払っているのですから。ですからここでは、エコノミークラスを基本にしてお話ししましょう。

　まず大切なのは、座席の位置。もしあなたがお手洗いが近い人だったら、数時間以上のフライトは、必ず予約時に通路側を確保すること。

　予約時に席の指定ができなかった場合は、チェックイン時にこう言ってください。

「I'd like an aisle seat, please.」

（通路側の席をお願いします）

　もうありません、と言われた場合はどうしましょう?

　足元のスペースが広い最前列は赤ちゃん連れの家族を優先させるため、ギリギリまで空席を確保していることがあ

ります。ダメもとで聞いてみましょう。

「Is there a bulkhead seat available?」

（最前席は、空いていますか？）

　ただしこの席は、足元が広い代わりに赤ちゃん連れの家族のお隣になる可能性も大、ということをお忘れなく。

　でもそれもない、と言われては仕方ありません。

　窓際、あるいは真ん中の席になってしまっても、トイレを無理に我慢しては体に毒です。こればかりはお互い様ですから、たとえ通路席の人が眠っていても起こして出してもらいましょう。ものすごい格好でどうにか乗り越えようとする人も見かけます。でも無理をせずにこう言ったほうがエレガントです。

「Sorry, I need to get up.」

（すみません、失礼します）

　そう言って立ち上がれば、相手は通路に出てあなたを通してくれます。

　何度も立たせてしまうことになる場合は、どうしますか。

「I'm so sorry to bother you again.」

（何度もごめんなさい）

　恐縮した態度でこう言えば、大丈夫です。

飲み物をスマートに頼むコツ

「**Please.**」

離陸してだいたい1時間くらいたってから、飲み物のカートがやってきます。

「**What would you like to drink?**」

(飲み物はどうなさいますか?)

あるいは、こう聞かれることもあります。

「**Anything to drink before dinner?**」

(夕食の前にお飲み物はいかがですか?)

「**Tomato juice with no ice, please.**」

(トマトジュースを氷なしでください)

私は冷たい飲み物があまり得手ではないので、必ず **No ice** と付け加えます。**Without ice** でも良いのですが、飛行中はかなりの騒音があることを忘れてはいけません。ですから表現はできるだけわかりやすく、はっきり伝えることが肝心。物を頼むときも、**please** を最後につけるというシンプル方式でいきます。

「**I'll have coffee, please.**」

(コーヒーください)

「**Do you take milk or sugar?**」

（ミルクと砂糖はお使いになりますか？）

「**Just milk, please.**」

（ミルクだけください）

「**No, I'll take it black.**」

（いえ、ブラックで）

紅茶の場合は何も入れないで飲むのは **black** ではなく、**plain** と形容します。日本でストレートとも言うようですが、英語では通じません。

ウイスキーなど蒸留酒類は、**straight** と言えば氷も水も入れずにそのまま、という意味になります。それ以外で **straight** と言うと、本来のまっすぐという意味の他、ゲイではない、異性愛好者という意味になります。

紅茶は英語では **red tea** ではなく、**black tea**。

紅茶を、砂糖、ミルク抜きで飲みたければこう言います。

「**I'd like black tea, plain please.**」

エコノミー症候群予防のため、好きなときにいつでも飲めるよう、必ず乗り込む前にボトル入りの水を買って持参しています。

ところで機内食ですが、たいがいどこのエアラインでも頼めばベジタリアン用、アレルギーのある人用などの特別食を準備してくれます。事前の予約が必要ですが、必要な人は遠慮せずに利用してみましょう。

海外での "温度差" に対応する

「May I have a blanket?」

　西洋人と私たち日本人の体感温度には、かなり差があります。先祖代々肉食のためか、一般的に彼らは私たちよりもずっと暑がりです。

　日系のエアラインは、機内温度を日本人にとって快適なように、暖かめに保っています。でも欧米のエアラインは、なぜここまで、というほど機内温度を低くします。

　北米では飛行機以外でも、バスも電車も、夏はまるで冷蔵庫の中のように冷やします。ですから海外旅行時は、夏でも冷え対策をお忘れなく。特に欧米のエアラインを利用する場合には、多めに重ね着をしたほうが良いと思います。

「May I have a blanket?」

（毛布を貸してもらえますか？）

　以前はそう言えば、貸してもらえました。でもこのところ、経費削減などで欧米のエアラインはサービスの質がかなり低下し、「No more.」「We don't have any.」とそっけなく言われることも少なくありません。

　めげずに、もう一押ししてみます。

「I'm freezing. Would you ask the captain to turn down the

AC?」（凍えそうです。機長に、空調を少し控えめにする
ように頼んでもらえますか？）

空調の機内温度も、機長が決めて調整をしているのだそ
うです。ですからフライトアテンダントを通して、「乗客
が寒いと言っている」ことを伝えてもらうのです。

寒がりの私は飛行機に乗るときは夏でも必ず長袖を着て、
軽いカーディガンなどを用意します。加えて小さくたため
るパシュミナなどのショールを毛布代わりに1枚バッグに
しのばせておきます。足元も、必ずゆったりしたパンツに
長めのソックスをはいて、冬はレッグウォーマーも持参。
足元を暖かく保つと、よく眠れます。

「**Wow, you are well-prepared!**」

（まあ、準備万端ね！）

次々とバッグから機内グッズを出す私を見て、お隣の人
にそう言われることもよくあります。

「**Well, I've learned this over time.**」

（少しずつ学習したんですよ）

もしも風邪気味で咳が出るのなら、機内ではマスクは必
需品。もっとも海外ではマスクは、一般的ではないことを
心にとめておいてください。病院のスタッフが手術のとき
に着用するぐらいで、一般人が外でかけているのを見るこ
とはまずありません。

機内お役立ちグッズ・ベスト3

　長時間の移動は、いかに疲れないようにやり過ごすかが勝負です。そのために、私が飛行機に乗るときに、絶対に忘れないようにしているお役立ちグッズが3つあります。

　1つは、耳栓。これがあるかないかで、機内で眠れるかどうかが決まります。たとえ眠れない人でも、耳からの雑音が遮断されるとずいぶんとストレスも減って楽になります。

　人によっては、ヘッドフォンやイアフォンなどを好む人もいるでしょう。私個人は、スポンジで出来た、ごく普通の耳栓が一番楽で、違和感なく長時間使用できます。

　もう1つの必需品は、首が痛くならないためのU型の枕。近頃は膨らませなくてもいいぬいぐるみ素材のような柔らかい三日月形タイプも流行っていますが、私は荷物にならないスタンダードな空気枕タイプを使っています。

　コツは、空気を5分目くらいしか入れないようにすること。飛行機の高度が上がると、気圧で枕が膨張します。ぱんぱんになると、逆に首の後ろが圧迫されて疲れるので、膨らんでだいたい7、8分目くらいにするのが秘訣です。

　そして携帯用スリッパも、絶対に忘れたくないものです。

　ずっと靴をはいていると足がむくんでつらいし、靴下だけに

なると今度はトイレに行くときが億劫です。機内に入って靴を脱いだら座席の下に押し込み、スリッパにはき替えると、ほっとします。

　携帯用スリッパは、機内だけでなく、海外のホテルでも重宝します。特にビーチリゾートホテルなどはカーペットなしのところも多く、足に優しい室内ばきは必需品。

　日本のホテルには必ずというほど常備されていますが、個人的に言うと私は使い捨てのアメニティがとても苦手です。地球のゴミを必要以上にせっせと増やしている気がして、歯ブラシなども、とても１回だけ使うために袋を開ける気になれません。それに使い心地の良いものを選びたいのです。ですから歯ブラシも携帯スリッパも、必ず自分のものをカバンに入れて持参します。

　以上の３つは欠かせないものですが、もう１つあると便利なのは、むくみ防止用のソックス。つま先が開いたタイプのもので、ドラッグストアなどで売っています。離陸前にこれをはいておくと、むくみを防ぐだけではなく、エコノミー症候群の原因となる血栓も防いでくれるそうです。特に血の巡りの悪い女性には、おすすめです。

隣人との会話を楽しむために

「Are you visiting Japan?」

　隣の席に、感じの良さそうな外国人が座っています。せっかくの機会なので、話しかけてみたい。そんな場合はあまりあせらずに、食事が終わって一息、というようなタイミングを見計らって話しかけてください。

　たとえばニューヨーク発、日本行きの便ならば、こんな話しかけ方がもっとも自然でしょう。

「**Do you live in New York?**」

（ニューヨークにお住まいですか？）

　あるいは、

「**Are you visiting Japan?**」

（日本に行くところですか？）

　成田行きの便ならば、日本に行くのは当たり前じゃないか、などと思ってはいけません。

「**No, actually I'm visiting my cousin in Singapore.**」

（いいえ、シンガポールのいとこを訪ねていくところです）

　こんな返事が返ってくることもあります。

　相手がそれ以上会話を続けたそうな雰囲気かどうか、よく空気を読んでください。読書やビデオを見たい人もいれ

ば、移動中に仕事をしなくてはならない人もいます。読書中、ヘッドフォンをしている人などの、邪魔をしてはいけません。

「**Are you from Tokyo?**」

　相手からもこのように聞き返してきたら、会話を続けてOK ということでしょう。

　無難な話題は、こんな感じです。

「**Is this your first time in Japan?**」

（日本は初めてですか？）

「**How long are you staying?**」

（ご滞在はどのくらい？）

「**Are you visiting just Tokyo?**」

（滞在は東京だけですか？）

「**No, I'm going to Kyoto for three days. Do you have any recommendations for places I should visit?**」

（いいえ、京都に3日間行きます。どこかおすすめの場所はありますか？）

「**You can't go wrong in Kyoto. There are so many places to see, but my favorite is Kiyomizu-temple.**」

（京都はどこもいいですよ。いろいろ見る場所がたくさんあります。でも私が好きなのは、清水寺かしら）

　どれほど会話がはずんでも、話題が一段落したら休憩し

ましょう。また周囲の人たちへの配慮も忘れずに、声のボリュームに十分に気をつけてください。

　ところで、こういう行きずりの人との会話をするときは、いきなり自己紹介を始めてはいけません。「**My name is～**」とやられると、うわあ、これから何時間か、ずっと話し相手にさせられるのだろうか、と相手はちょっと引いてしまいます。

　あくまでその場限りのご縁は、控えめにしておくのが粋というもの。

　万が一、意気投合して連絡先を交換、というときに至ったら、そのときに初めて名乗ります。

　「**I'm Akiko and here is my number in Japan. I'd be happy to help you if you need something. Just call me.**」

　（私はアキコで、これが日本での番号です。もし何か必要なことがあれば、いつでも連絡ください）

　「**You're very kind. Thank you. I'm Karen, and I'll remember your offer.**」

　（ご親切にありがとう。私はカレンです。お申し出、覚えておきます）

入国手続き、ちょっと注意すること

「Sightseeing.」

　さて、無事に到着しました。入国手続きの列に並びます。何も後ろめたいことがないのに、何となくちょっと緊張する場面です。

　でも、入国審査で聞かれることは決まっていますので、大丈夫。まずはパスポートを出しながら、にっこり微笑んで「**Good morning.**」または「**Hello.**」と言ってください。

「**What's the purpose of your trip?**」

（渡航の目的は？）

「**Sightseeing.**」

（観光です）

「**How long are you planning to stay?**」

（滞在期間は？）

「**I'll be here for two weeks.**」

（２週間です）

「**What do you do for a living?**」

（ご職業は？）

「**I work at a bank in Tokyo.**」

（東京で銀行に勤めています）

アメリカの場合は、ガラスのボックスのようなものに指を乗せて指紋を取られます。最初に親指以外の指4本、それから親指です。

　指紋について、私は一つ失敗談があります。

　あるとき飛行機で隣に座っていた人が、ひどい咳をしていました。風邪をうつされては大変、と私は消毒用ハンドジェルをせっせと手にすりこんでいました。ところがこのアルコール入りジェルが、すっかり指先を乾燥させてしまったのです。

　さて入国審査で指紋リーダーに指を乗せると、何度試しても反応が出ずに、ついに別室に案内されてしまうはめに。某国のスパイで故意に指紋をつぶしていた、なんて容疑がかかったらどうしようか、などと映画のようなことを思わず考えてちょっとドキドキしました。

　でも指先を見せたら、

「**Your fingers are really dry.**」（指、乾燥していますね）

　と一言言われて無罪放免となりました。

　何度往復しても、パスポートに入国記録のスタンプを押してもらうと、ほっとして思わず笑顔になります。

「**Thank you!**」

「**Welcome home!**」

　入国監査官も、そう言って笑顔で見送ってくれます。

NYでタクシーに乗るとき心すること

「**I come here every year.**」

　ニューヨークの空港には、白タクの客引きが大勢います。建物の出口付近で、「**Taxi?**」と声をかけてくる人は相手にしてはいけません。英語で話しかけられても、無視しても良い数少ない例が、この白タクの客引きです。

　ニューヨークに限らずとも、白タク（英語で、**Gypsy Cab** と言います）に乗ったら法外な料金を請求されて、ひどい目にあった、という話をよく聞きます。

　英語での交渉が不安な人は、できるだけバスなどの公共機関を使ったほうが安全。まずは、**Information Desk** に行ってこのように聞いてみましょう。

「**What's the best way to get to the Hilton Hotel in Times Square?**」

（タイムズスクエアのヒルトンホテルには、どうやって行くのが一番いいでしょう？）

「**There is a shuttle bus that runs every fifteen minutes.**」

（15分に一本シャトルバスが出ていますよ）

「**Where can I catch that?**」

（どこから乗れますか？）

「**Go out from Exit 5 and it is right there.**」

（5番出口から出て、すぐ目の前です）

「**Do I need to purchase a ticket in advance?**」

（乗車券は、事前に買うのですか？）

「**No, you can pay the driver.**」

（いいえ、運転手に直接払えばいいのよ）

　もしタクシーに乗るのなら、**Ground Transportation/ Taxi** の表示を探して、その方向に進んでください。

　JFK 空港などのイエローキャブ乗り場には、小さなブースがあって **Dispatcher**（係員のような人）がいます。ロゴのついた紺のジャンパーなどを着てトランシーバーを持っているので、すぐに見分けがつきます。本物の係員は、この持ち場から離れることはありませんから、空港の出入り口付近にいて彼らを装うニセモノの客引きに惑わされないようにくれぐれも注意しましょう。

　乗る前に、ディスパッチャーに行き先を聞かれます。

「**Where are you going?**」

（どちらまで？）

「I'm going to the Park Hyatt Hotel.」

（パークハイアットホテルまで）

「Fifty-two dollars plus toll and tip.」

（52ドルプラス橋、トンネルの通行代、それとチップね）

　そう言って、乗るタクシーのライセンス番号などが書いてあるパンフレットを渡してくれます。何かあったときの苦情を入れる連絡先なども書いてありますので、この紙は降りるまでなくしてはいけません。

　現地の人間にとってイエローキャブは安全な乗り物ですが、言葉もあまり流暢（りゅうちょう）ではない観光客に対しては、回り道をするなど不埒（ふらち）な輩（やから）も中にはいるようですので、油断をしてはいけません。

「Is this your first time in New York?」

（ニューヨークは初めて？）

　そう聞かれたら、決してイエスと言ってはいけないと教えてくれたのは、やはりイエローキャブの運転手さんでした。純粋にフレンドリーな運転手さんもいるけれど、回り道してもばれない相手かどうか、会話をしながらこちらをチェックしている輩もいるのだそうです。英語にある程度の自信があれば、こう答えてください。

「**No, I used to live here.**」

（いいえ、以前住んでいたの）

「**No, I come here every year.**」

（いえ、毎年来るわ）

　そこまでの自信がなければ、「**This is my third time.**」（こ
れで3回目よ）くらいにしておきましょう。

　有料の橋やトンネルを通れば、それが料金に加算されま
す。それ以外にも、夜間料金など時間帯によってエキスト
ラチャージがつくことがあります。

　メーターを見ると、料金の横に50セントや1ドルなど
と出ていることがありますが、よくわからなければ、
「**What's this extra charge for?**」（このエキストラチャージ
は何ですか？）と聞いてみましょう。

　それでもマンハッタン内を移動するのなら、かなり走っ
ても20ドル以内ですむことがほとんどなので、一般的に
ニューヨークのイエローキャブは、他の都市に比べると安
いと思います。

　支払い時にはチップを渡すこともお忘れなく。だいたい
1割くらいですが、荷物が特別に多かったり重い場合は、
少し多めに渡してあげましょう。

「Here it is. You can keep the change.」

（はい。お釣りはとっておいてください）

　そう言ってお金を手渡してください。

　お釣りをチップにするのは少し多い場合、たとえば料金が 11 ドルで 20 ドル札を出した場合は、

「Can I have seven dollars back?」

（7 ドルお釣りください）

　というように言います。最近は Uber や Lyft なども一般的になりました。海外に出張する時など、アプリをダウンロードしていくと便利です。ただし空港に呼ぶときは、ピックアップできるポイントが決められているので探し当てていかなくてはなりません。

地下鉄&バスでのちょっとした英会話

「My pleasure.」

　町によって地下鉄を **Metro** と呼ぶところと、**Subway** と呼ぶところがあります。パリやワシントンDCなどでは **Metro**、ニューヨークやボストンでは **Subway**、そしてロンドンではご存知のように **Underground** あるいは **Tube** と呼びます。

　いずれにしても、手軽で早く移動ができる地下鉄を乗りこなすことができると、旅行者にとってもとても便利です。

　地下鉄の乗り方は町によって少しずつ違いますが、ニューヨークでは自動販売機でメトロカードを購入します。1回の運賃は市内ならどこまで乗っても2ドル75セント（2019年11月現在）均一。駅から出ない限り乗り換え自由なので、日本に比べるとかなり割安です。

　1週間以上の滞在でたくさん利用する予定ならば **7 Day Unlimited** が良いでしょう。カード代1ドルが、別にチャージされます。

　マンハッタンの路線は比較的わかりやすく、地図を見れば旅行者にとっても問題なく利用できます。でも週末などは線路の工事などで路線が変更されることは珍しくありま

せん。もしも不安だったら、乗り込む前に、周りの人にこのように聞きましょう。

「**Does this go to Times Square?**」

（これ、タイムズスクエアに行きますか？）

「**Does this stop at twenty-third street?**」

（これは23丁目に止まりますか？）

　あるいは、

「**Is this express or local?**」

（これは急行ですか、普通ですか？）

　一番確かなのは、真ん中の車両に乗っている車掌さんに聞くことです。窓からプラットフォームに向けて顔を出していて、質問に答え終わるまで電車のドアを開けておいてくれます。

　バスも地下鉄と共通のメトロカードで乗れますので、とても便利です。1回ごとに支払う種類のメトロカードの場合は、2時間以内なら1回だけ乗り換え無料です。マンハッタンなら大きなアベニューをまっすぐ南下する、あるいは北上するラインがほとんどなので、旅行者にも利用しやすいと思います。また57丁目、42丁目などの大きなストリートを東西に縦断するラインもあります。

　マンハッタン内ならば、角ごとに通りの名前あるいは番号がついていますので、外を見ながら乗っていれば特に人

に聞く必要もありません。近頃は23丁目や34丁目クロスタウンバスのように、乗り込む前に停留所にある自動販売機にメトロカードを入れてチケットをとり、どのドアから乗ってもよいというシステムの路線も出てきました。よくわからなかったら、周りの人に「**Can you help me?**」と聞いてみましょう。

　ちなみに日本でも同じだと思いますが、階段の上り下りがないバスは高齢者が多く利用します。前方の席は高齢者たちにゆずって、若い人たちは座りたければ後ろの座席に行ってください。

　自分が座っていて、年配の人が乗ってきたら、席を譲ってあげましょう。

「**Would you like to sit down?**」

（お座りになりませんか？）

「**Thank you.**」

　と相手が座ったら、ニッコリと微笑んで、

「**My pleasure.**」

　と答えてあげましょう。こうした何気ない親切な行為はエレガントでとても魅力的だと思います。

ニューヨークの地下鉄の安全性

　ニューヨークでは、24時間地下鉄が走っています。とても便利な反面、以前ほど危険ではなくなったとはいえ、真夜中過ぎの女性1人での利用には注意が必要です。私自身はあまり怖い目にあったことはありませんが、数年前にこんなことがありました。

　タンゴを踊った帰り、夜中の1時くらいに1人で地下鉄に乗ると、その車両は無人でした。次の駅に来ると、若い黒人の男性が乗ってきました。彼は車両内をキョロキョロと見渡し、私しか乗っていないのを確かめると「しめた」という表情をして、席に座ろうとせずに私の目の前に立ったのです。心臓が飛び上がりそうになりました。

　そのとき彼が「Give me your money」（金を出せ）と言おうか、「Hey, can you help me out?」（ちょっと助けてくれないかな？）と言おうか、考えているのが手に取るようにわかりました。本を読んでいた私は、彼に決意をする間を与えてはいけない、と咄嗟に判断して本を閉じ、まっすぐに彼の顔を

見てこう言いました。

「Hi, how are you?」

その男性は一瞬ちょっと驚いたようでしたが、薄笑いを浮かべてこう答えました。

「I'm fine. I'm fine.」

（気分はいい、とてもいいよ）

私はすぐにこう続けました。

「Can I help you?」

（何かお手伝いできることは？）

「Yeah, you can help me.」

（ああ、手伝ってもらうことがある）

お腹に力を入れながらも、なるべくマヌケで純粋そうな顔を装い、こう言いました。

「Where do you need to go?」

（どこまで行きたいの？）

相手はふいをつかれたようで、私の向かいの席にペタンと腰を下ろして一生懸命どう答えようか考えていましたが、こう答えたのです。

「I need to go to paradise.」（天国に行きたい）

　ヘロインでも買うお金が欲しかったのでしょうか。天国行き
たいなら、こんなところで、か弱い（かどうかはともかくも）
女性を脅かしているんじゃないわよ！　とどやしつけたくなり
ました。が、マヌケ顔を保ったままこう答えたのです。

「Oh, I can't help you on that.　You need to work on
your own.」（あら、それならお手伝いはできないわ。自分で
努力しないと）

　彼が答える前に地下鉄は次の駅に到着。複数の人たちが乗り
込んできたと同時に若い男性は私の目の前から姿を消しました。
冷や汗がどっと出て、大きく深呼吸をつきました。あまり犯罪
慣れした相手ではないようでしたが、それでもかなり胆を冷や
しました。

　地下鉄は一つひとつの駅の間隔が狭いので、こうしてどうに
か乗り切ることができましたが、長距離電車だったらどうなっ
ていたことか。無人の車両には決して乗ってはいけないことを
改めて再認識したのです。

　でもこんな経験は30年以上住んでいる私でも、1回しかあ
りませんのでご安心を。心配ならば夜は車掌さんのいる真ん中
の車両に乗るか、複数で乗るようにしてください。

＊空港でチェックインのときに…

「Is there a bulkhead seat available?」
（最前席は、空いていますか？）

＊窓側の席から何度もトイレなどに立つとき…

「I'm so sorry to bother you again.」
（何度もごめんなさい）

＊機内で飲み物を頼むとき…

「Tomato juice with no ice, please.」
（トマトジュースを氷なしでください）

「I'd like black tea, plain please.」
（紅茶を、砂糖、ミルク抜きでください）

＊タクシーの会計時に…

「Here it is. You can keep the change.」
（はい。お釣りはとっておいてください）

「Can I have seven dollars back?」
（7ドルお釣りください）

＊バスや地下鉄で…

「I'm going to Times Square. Will you let me know?」
（タイムズスクエアに行くのですが、知らせてもらえます
か？）

「Would you like to sit down?」（お座りになりませんか？）

Chapter

3

ショッピング・観劇・美術館を楽しむ

洗練された大人の英会話

ショッピングにはマナーがある

「Just looking, thank you.」

　高級ブティックやレストランなどで、店員から大切に扱われるための英語とは、どんなものでしょうか？　「お客様は神様です」の文化で育った私たち日本人は、とてもせっかちで、時には横柄だと誤解されてしまうことがあります。

　もっとも多いあやまちは、他のお客の相手をしている店員に向かって「Excuse me!」と大きな声で呼ぶこと。「I will be right with you.」（すぐにそちらにまいりますから）と冷たく言われたら、静かに自分の順番を待っていてください、という意味です。格を売り物にする高級ブティックでは、お客のマナーもその店のクラスにふさわしいものを期待されます。

　お店にある程度ふさわしい服装を心がけることは大事です。でも、それより大事なのは態度です。慌てないこと。はしゃいで騒いだりしないこと。

　そして何よりも、店員さんに話しかけられたら無視したり、無言で指差したりせずに、できる限り言葉でコミュニケーションを取ることです。

「**May I help you?**」（お手伝いいたしましょうか？）

　そう聞かれたら、色々な答え方があります。

「**Just looking, thank you.**」

（見ているだけです。ありがとう）

「**Probably later. I'd like to take a look around first.**」

（また後で。ちょっと先にぐるりと見させてください）

　時には、こう聞かれることもあります。

「**Is there anything in particular you are looking for today?**」

（今日は特に何かお探しですか？）

「**No, I'm just browsing.**」

（いいえ、ちょっと見せてもらっているだけです）

　本当に探しているものがあれば、相談しましょう。ディスプレイされていなくても、奥から出してきてくれることもあります。

「**Yes, I'm looking for a wallet.**」

（ええ、お財布を探しています）

「**I'll be happy to show you what we have.**」

（うちに置いてあるものをお見せいたしましょう）

「**Do you have this style in different colors?**」

（このスタイルで違う色はありますか？）

「**We sure do. We have gold, silver and black.**」

（ありますとも。ゴールド、シルバー、そして黒があります）

「May I see the silver one?」（ではシルバーを見せてください）

「I'll take this one, please.」（これにします）

　このように、何を探しているのか、あるいはしばらく見させて欲しいのか、相手にきちんと伝えましょう。お値段のはるお買い物なら、時間をゆったりとって商品を見て、店員さんとのやり取りを楽しんでください。

　洋服を試着したければ、勝手に試着室に入らずに必ず店員さんに断ってください。

「May I try this on?」（着てみてもいいですか？）

　この表現は、靴にも使えます。

「This is a little too big. Do you have the next size down?」

（少し大きいです。１サイズ小さいものはありますか？）

「We only have it in black.」

（それですと黒になってしまいますが）

「We have it on back order.」

（今、入荷を待っているところです）

　Back order というのは、取り寄せる、という意味にも使えます。

「When do you expect to have it in?」

（いつごろの入荷になりますか？）

「We'll have it next week.」（来週には来るはずです）

「I'm afraid that would be too late. I'm leaving this Sunday.」（残念ですが、それでは間に合いません。私は日曜日に帰るので）

「We can call our SOHO branch. They might have it.」
（ソーホー支店に電話してみます。あそこにならあるかも）

「I'd appreciate that.」（そうしていただけると嬉しいです）

　このように、欧米社会のブティックは、高級になればなるほど１人ひとりのお客に丁寧に対応します。ですからあまり時間のない、急いでいる人には向いていません。

　団体ツアーで時間制限がある場合は、空港などの免税ショップなどを利用したほうが、手早く買い物ができるでしょう。

「I'd like to take three of these, all in the same color.」
（これを同じ色で３つください）

「Would you like three little shopping bags?」
（小さな袋を３つおつけしましょうか？）

「That would be great. Thank you.」
（そうしてもらえると助かるわ。ありがとう）

　店員さんとのコミュニケーションがうまくいくと、買い物のプロセスがさらに楽しくなります。ぜひ、積極的に会話を楽しんでください。

じっくり選ぶのがエレガント

「It wasn't my style.」

　店員さんとの会話をつい避けてしまう人は、「万が一、買わなかった場合が気まずいから」と思っているかもしれません。でもそんな気遣いは無用です。

　相手はプロ。それに高級品になればなるほど、時間をかけて考えるのは当たり前のことです。むしろバブル時代のように、1人のお客が高級ブランドのバッグを漁るように何個も買いまくる行為のほうが、顰蹙（ひんしゅく）をかったものでした。

　もう少し考えたい場合は、このように言ってください。

「Thank you. I'd like to think a little and will come back.」
（ありがとう。少し考えてからまた来ます）

「I'd like to look around a little more.」
（もう少し、見て回りますね）

「Sure.　My name is Christina.　If you need anything else, just let me know.」
（もちろんですとも。私はクリスティナです。他に何かありましたら、お声をかけてください）

「What time do you close today?」
（今日は何時までですか？）

「We are open until 8 pm.」

（8時まで営業しています）

　このように、気持ちよく対応してくれることでしょう。

　ひとつ日本と違うのは、北米では試着した服は、自分で売り場には戻さないのが一般的であること。試着をしたけれど買わない場合は、試着室の担当者に洋服を渡して、「Thank you.」と言うだけで大丈夫です。

「How was it?」

（いかがでしたか？）

　そう聞かれた場合は、こんな答え方があります。

「Oh, it wasn't my style.」

（私のスタイルではなかったわ）

「It didn't look like me.」

（私らしくなかったの）

　こういう答え方をすれば、個人の好みの問題なので、品物を貶すことにもならないし、店員もそれ以上無理にすすめることもありません。

　なんだ、買わないのか、という態度を見せる店員がいるお店は、たとえ高級でも一流とは言えません。

　お財布の中身と相談しながら、どうぞショッピングを楽しんでください。

北米なら気軽にできる「返品」

「I changed my mind.」

　日本と北米の小売業で、もっとも違うのは、洋服や装飾品などは簡単に返品ができることです。

　一部の **Final Sale** と書いてある商品を別にすると、見た目にダメージがなく、レシートがあれば、30日以内というような一定期間内ならお店は返品をさせてくれます。

　さて、お店に返品に行きました。

「**I'd like to make a return.**」

（返品したいのですが）

「**Sure. May I ask what the reason is?**」

（わかりました。理由をお聞きしてもいいですか？）

　理由は聞かれることも、聞かれないこともあります。特に理由がなくても、「**I changed my mind.**」（気が変わった）と答えても少しもかまいません。こんな答え方もあります。

「**It just didn't feel right when I tried it on again.**」

（着てみて、やっぱりちょっとピンと来なかったんです）

　クレジットカードで支払った場合は、使ったカードの口座に返金してくれます。お店によっては、現金の返金はしないけれど、その同じ価格の好きな商品と交換してくれる

ところもあります。**Store credit only.** とレジに書いてある
のは、そういう意味です。

　心配ならば、買う前に、「**What is your return policy?**」（こ
ちらの返品のポリシーはどうなっていますか？）と聞いて
みましょう。

「**Within thirty days with a receipt.**」（レシートがあれば30
日以内です）、あるいは、「**We give store credit only.**」とい
うように、教えてくれます。

　高級ブランドの中には、レシートがなくてもストアクレ
ジットをくれるところがあります。もらった贈り物が気に
入らなかった場合、こっそり好きなものに換えることも可
能というお店側の心配りなのでしょうか。

　消耗品、たとえば食品類でも傷んでいた場合はもちろん
返金してくれます。この場合は、食べかけたその食品とレ
シートを持って行きます。食品の場合は30日以内という
わけにはいきませんから、当日か翌日に持っていきましょ
う。

「**This sandwich tasted like it was off.**」

（このサンドウィッチ、味が変です）

　The taste was off. という表現は、腐っているとまではい
かなくても、ちょっと古くなった味、という意味合いがあ
ります。

「This box of strawberries was rotten on the bottom.」

（このイチゴ、箱の底のほうが腐っていました）

「There was mold on the bread.」

（パンにカビが生えています）

　日本なら「申し訳ありません」の一言もあって当然でしょう。でも北米では店員が謝罪をしてくることはごくまれです。

「OK. We'll credit your card.」

（わかりました。カード口座に返金しておきます）

　というように淡々と対応するだけ。自分が悪いわけではない、と思っているのでしょうか。

　不快な思いをして交通費もかけ、時間も無駄にしたのに、ちょっと腑に落ちないところではあります。

　でもこうしたドライな対応をする社会だから、こちらも気軽に返品できるということもあるのかもしれません。

チケットを買うときのちょっとしたコツ

16・希望をスマートに伝える

「Is this a full view seat?」

　海外旅行の機会に、オペラ、バレエ、コンサートやブロードウェイなどをぜひ観たいという人は多いでしょう。

　パリのオペラ座、ロンドンのコベントガーデン、ミラノのスカラ座などは、クラシック好きの人々にとって憧れの場所です。ニューヨークだったらコンサートなら音響の素晴らしいカーネギーホール。そしてオペラ、バレエ、コンサートなどが催される複合施設のリンカーンセンター、ラジオシティミュージックホールや、世界に誇るブロードウェイがあります。

　旅行日程が決まったら、インターネットで調べて絶対に観たいと思うイベントがあったら、多少のオンライン予約料がかかっても事前に買っておくのが安全です。でも売り切れになる心配のないものならば、現地に来てから入手することも可能です。

　どの劇場にも、**Box Office** がありますので直接行って買うのが手数料もかからず、もっとも確実な方法。

「Do you have two tickets for this Saturday?」

（土曜日のチケット、2枚あるでしょうか？）

「**Are you looking for the Matinee or the evening?**」

（マチネ（昼の公演）ですか、それとも夜の公演？）

「**Saturday evening, Don Quixote.**」

（夜の「ドンキホーテ」を）

「**What price range are you looking for?**」

（価格はどのあたりをお望みですか？）

「**How much are the orchestra seats?**」

（オーケストラ席はいくらですか？）

「**They are ninety-five dollars each.**」

（オーケストラ席は1枚95ドルになります）

「**Do you have anything less expensive?**」

（もう少し下のお値段のものは？）

「**How about Dress Circle?　They are sixty-five dollars each.**」（ドレスサークルはどうですか？　1枚65ドルです）

「**OK. I will take two of those.**」

（ではそれを2枚お願いします）

　購入時に、その席が **full view** であることを確認しましょう。場所によっては柱の影になったり、横の位置のために舞台の一部が視界から切れてしまう **partial view** になったりする席もあります。

　パリオペラ座ガルニエなどは、まったく舞台が見えない **No view seat** もありますので、くれぐれもご注意を。

「**Is this a full view seat?**」

（これはフルビュー席ですか？）

「**No, actually this is partial view.**」

（いえ、パーシャルビュー席です）

「**I don't mind going further up, but I need full view.**」

（もっと上の階でもいいので、フルビュー席がいいです）

　オーケストラならそれほど気にならないかもしれませんが、オペラやバレエなどビジュアルが大切なものは、やはり少しくらい遠くても絶対に **full view** の席で観るのがおすすめです。

　さて劇場についたら、入場時に切符を切る人が「**two flights up.**」（2階上です）などと教えてくれます。その階に着くと、今度は **Usher** と呼ばれる案内係が、プログラムを渡して席まで案内してくれます。米国では、チップを渡す必要はありません。「**Thank you.**」といえば十分です。

　どの劇場にも、ロビーには飲み物など
を買えるバーがあります。優雅な気分を
味わいたければ、休憩時間にはちょっと
贅沢をしてシャンパンを一杯やるのもお
つなものです。

リンカーンセンターの真ん中にあるメトロポリタン
オペラハウス。チケット売り場の対応も一流。

劇場で役に立つエチケット英語

　音楽や舞台、ダンスなどの文化が好きな人たちにとって、ニューヨークはこたえられない街です。

　バレエ、オペラ、そしてクラシックコンサートなどに行くときに、必ず役に立つ３つの短いセンテンスをご紹介しましょう。どこの劇場にも必ずいる、３タイプのこまりものたちへの対処法です。

　私から見たこまりものたち３タイプとは、まず席から身を乗り出して観る人。そして前の人の背もたれを無意識に蹴る人。それから上演中にハミングやおしゃべりをする人のことです（これは日本にも結構います。同行者にずっと自慢げに解説している人もたまにいます）。

　自分の前の席の人が視界をさえぎるほど身を乗り出したら、後ろからそーっと顔を近づけ、こう言いましょう。

「Would you please sit back?」

（深く腰掛けてもらえますか？）

　丁寧に、でも低いドスのきいた声でささやくのがコツです。耳元でいきなり他人の囁き声が聞こえた当人はかなり肝をつぶし、終わるまで硬直したまま背もたれにべったりと背中を張り

つけていてくれます。

　靴のつま先でこちらの背もたれを無意識にコンコン蹴る人には、するりと振り返ってこう頼みます。
「Please, don't kick my seat.」
（私の席を蹴らないでください）
　穏やかながらも厳かに、そしてプリーズでちょっと間をおいて my をわずかに強調するのがコツです。その人の前にあるのは壁ではなくて「私」の席であることを、明確にするのです。

　そして、公演中にボソボソおしゃべりをする言語道断の人たちには、言葉はいりません。息を思い切り吸い込んで、「Shhhhhh!!!」と叱りつけるのです。
　これは何度もやると効き目がなくなるので、一発できめることが肝心。イメージとしては、圧力釜から勢い良く噴出す蒸気でしょうか。ヒステリックにではなく、道理のわからぬ子供を叱る大人のように威厳をもって「シッ!!」とやること。
　海外旅行に行ったらオペラやバレエの一つも観たいという方々にとても役立つ、3つのランゲージでした。

屋台や市場を楽しむ英語

「Please go easy on hot sauce.」

どこの国に行っても、屋台には何かやたらと心をそそられるものを感じるのは、人類共通のことなのでしょうか。英語で、屋台のことを **street vendor** と呼びます。

近頃のニューヨークでは、バンで移動するかなり本格的なグルメ屋台もあり、毎年、屋台フードの人気投票が行われるほどです。

ニューヨークで屋台フードといえば、ホットドッグとプリッツェルがよく知られています。でも私個人は、**Halal** と書いてある中近東の屋台フードがおすすめです。鉄板で焼いたチキンをごはんの上にのせた **Chicken over rice**、ヒヨコマメをつぶして団子にして揚げた **Falafel** など、本当にこたえられないほど美味しいと思います。ニューヨークに旅行に来た人は、ぜひ一度お試しを。

食べつけないものなので、どのように注文したら良いか最初は戸惑うかもしれません。

「One chicken sandwich, please.」

（チキンサンドイッチを1つ）

「What do you want in it?」

（何を入れますか？）

　そう聞かれたら、レタス、トマト、玉ネギなどの野菜類、そして各種ソース類などをどうするか、という意味です。

「Everything, please.」

（全部入れてください）

「Everything except onions, please.」

（玉ネギ以外は全部入れてください）

「Please go easy on hot sauce.」

（辛いソースは少しだけにしてください）

「Anything to drink?」

（飲み物は何か？）

「I'll take a bottle of water, please.」

（では水を1本ください）

　Farmers Market や屋外の Craft Fair などでは、いろいろな種類の vendor が露天を並べています。ゆっくり見て、質問があればいろいろと聞いてみましょう。必ず、「Hi.」とあいさつをしてから、

「Is this hand-made?」

（これは手作りですか？）

「Is this a local product?」

（これは地元の産物ですか？）

「Is this organic?」

（これは有機栽培ですか？）

　北米では、よほど大量に買わない限り、値切るという習慣はありません。でも同じものをお土産などで大量に買う場合は、聞いてみても悪いことはありません。

「Would you give me a discount if I get ten of these?」

（10 個買ったら、割引してくれますか？）

　繰り返しますが、まず半額からスタートして値段交渉をするというような習慣は、北米の文化には存在しません。たとえ露天商の買い物でも、品のある態度を忘れないでください。

ユニオンスクエアの屋外マーケットには、近郊の農家が野菜や果物、花などを売りに来る。

女性の体の悩みを英語で表現する

旅行先で、突然生理がはじまってしまった。そんな経験はありませんか。女性の体はデリケートなので、環境が変わると生理の周期も変わることは珍しくありません。準備してきた生理用品では間に合いそうもない。そんなときは、地元で調達するしかありません。

どの国でも、ドラッグストアというものは一目でわかるようになっています。国によっては緑の十字などが看板に出ています。

さて生理用品をなんと言うのか。

近頃はありがたいことに、ドラッグストアに行くと手に届く棚に並んでいるので、だいたい見て選ぶことができます。でも探しても見当たらない場合は、店員に聞かなくてはなりません。ナプキンは Sanitary napkins ですが、あまりあからさまに口にすることはありません。もっとも言いやすいのは、こんな聞き方。

「Do you have feminine hygiene products?」

（生理用品はありますか？）

フェミニンプロダクト（直訳すると、女性のための製品）、という響きはそれほど直接的ではないので、たとえ相手が男性

の店員でもあまり抵抗がない言葉です。

　ナプキンには、日本と同じくタイプがいろいろあって、light、regular、heavy とその日の量によって大きさが変わってきます。そのほかに、おりもの用の薄い liner もいろいろな種類があります。

　タンポンはそのまま tampon、またはメーカー名の Tampax と呼ぶのが一般的です。

　ちなみに、生理用下着というのは、欧米には存在しません。量が多い日など、不安にならないのかしら、と不思議なのですけれど、特に需要はないようです。こちらの heavy night time 用などは、本当にオムツのように巨大なものですから、下着そのものに工夫をするという概念がないのかもしれません。

　体調不良のときは……
　生理そのもののことは、period と言います。menstruation（月経）という言葉もありますが、普段の会話では period のほうが一般的です。定期的にやってくるものだから、そう呼ぶのでしょうか。

　医者などに行くと、女性は基本的に必ずというほど生理の開始、周期などを聞かれます。
「When did your period start?」
（生理はいつはじまりましたか？）

と聞かれたら、初潮はいつだったか、という意味。

「When was your last period?」

（前回の生理はいつでしたか？）

　このように聞かれたら、もっとも最近の生理はいつだったのか、という意味です。

　生理前の体調不調は、「Premenstrual Syndrome」と呼び、日本でもこのところ一般的になった PMS で通じます。

「I have terrible PMS.」

（PMS がひどいんです）

「What is the problem, exactly?」

（具体的に、どういう症状ですか？）

「I have cramps, headache and feel fatigued.」

（腹痛と頭痛、そして体がだるいんです）

　生理痛のことは、cramp と言います。普通の腹痛、stomach ache とは区別されていますから、「I have bad cramps.」と言えば、「生理痛がひどい」という意味になります。

　こちらの痛み止めは頭痛、生理痛も兼用で、アスピリン系と非ピリン系があります。ポピュラーなのは、日本でもお馴染みの Bufferine や Bayer aspirin、非ピリン系なら Advil、Tylenol など、近頃は日本でも入手可能な薬も多くあります。ドラッグストアに行くと強さに応じて多くの種類が並んでいて、中には風邪の症状に対応する成分が配合されたものもあるので、

よくパッケージを読んでください。

　一般的に、海外のドラッグストアで売られているものは、日本のものよりも成分が強いそうです。だから特に体の小さい人はもっとも成分の弱い種類を選ぶのが無難だと思います。

　薬のアレルギーなどを起こしやすい人は、自己判断で薬を調達してはいけません。医師や薬剤師に必ず相談すること。ニューヨークやロサンジェルスのような大都会なら、日本語を話す医師もいます。

　海外に長期にわたって行く場合は、自分が過去にアレルギー反応を起こしたことのある薬の名前は、必ず英語で言えるようにしておいてください。

「I'm allergic to aspirin.」

（アスピリンのアレルギーがあります）

　あるいは、

「I have an allergy to shellfish.」

（魚介類にアレルギーがあります）

　のように言います。どちらの言い回しも、薬品、食品両方に使えます。

＊店員に「May I help you?」と聞かれたら…

「Probably later. I'd like to take a look around first.」
（また後で。ちょっと先にぐるりと見させてください）

「Do you have this style in different colors?」
（このスタイルで違う色はありますか？）

＊試着したあとでor返品の理由に…

「It didn't look like me.」
（私らしくなかったみたい）

「It just didn't feel right when I tried it on again.」
（着てみてやっぱりちょっとピンと来なかったんです）

＊劇場にいる困った人に…

「Would you please sit back?」
（深く腰掛けてもらえますか？）

「Please, don't kick my seat.」
（私の席を蹴らないでください）

＊屋台や露天のお店などで…

「Everything except onions, please.」（具材を聞かれたとき）
（玉ネギ以外は全具入れてください）

「Would you give me a discount if I get ten of these?」
（10個買ったら、割引してくれますか？）

＊生理のとき、体調の悪いとき…

「Do you have feminine hygiene products?」
（生理用品はありますか？）

「I have cramps, headache and feel fatigued.」
（生理痛と頭痛、そして体がだるいんです）

「I'm allergic to aspirin.」
（アスピリンのアレルギーがあります）

レストランで美味しく心地よく…
··

グルメな人の
よくばり英会話

きちんとサーブされたいなら…

「I'm fine, thank you.」

　ある日、日本から観光で来たという高校生のお嬢さんに会い、マンハッタンのカフェで一緒にランチを食べることになりました。テーブルにつき、ウェイトレスがやってきました。

「Hello, how are you this morning?」

（こんにちは。今朝の調子はいかがですか？）

「Have you decided what you would like?」

（もうご注文はお決まりでしょうか？）

「What can I get for you?」

（何になさいますか？）

　ウェイトレスにそう話しかけられても、彼女はずっと下を向いたままです。注文をするときも、無言でメニューを指差しただけでした。

　外国人との接触は、最低限ですませたい。体全体がそう言っています。

　まだ高校生だし、仕方ないかな。そう思っていた私に、彼女はこう言いました。

「私、英会話がうまくなりたいんです。どうすればうまく

80

なりますか？」

　どうすれば、ってアナタ！

　本当にうまくなりたいと思うのなら、まずは顔をあげて声を出すことですよ。意地悪を言うつもりはなかったけれど、思わずそう答えたのです。

　話したいのに、話せない。英語力に自信がなかったからこそ、彼女はずっと下を向いていたのでしょう。でも無言で下を向いていては、100年たっても英会話上達など望めません。

「あなたとコミュニケーションをしたい」

　そういう意思表示から、すべてが始まります。まずは相手の目をしっかり見て、こちらも話す気があることを態度で見せることです。

「**Hi, how are you?**」

「**I'm fine, thank you.**」

　こんな会話なら、中学校を出た人だったら言えるはず。覚えたものを使わないのは、宝の持ち腐れです。面倒だと思わずに、店員さんの呼びかけにはちゃんと答えを返してください。

お店の人の"お気に入り"を訊く

「What is your favorite?」

　レストランに入ってメニューを見ても、よくわからないものがたくさんあります。ついついわかるものを頼み、同じようなものばかり毎回食べることになってしまうことはありませんか?

　せっかく海外旅行でディナーに来て、それではもったいない。ウェイターやウェイトレスに、おすすめを聞いてみましょう。誰でも、意見を聞かれるのは嬉しいものです。それほど忙しいときでなければ、喜んで相談にのってくれます。

「**Which meat dish would you recommend?**」

(肉料理はどれがおすすめですか?)

「**What is your favorite dish?**」

(あなたのお気に入り料理はどれ?)

「**Which dressing do you like?**」

(あなたの好きなドレッシングは?)

　アメリカ人は、「どれも美味しいです」なんて当たり障りのない返事をすることはまれで、みんなきちんと意見を言ってくれます。

82

「**I like the roast chicken.**」

（私はローストチキンが好きです）

「**Our ravioli is delicious.**」

（うちのラビオリは美味しいですよ）

「**I like raspberry vinaigrette dressing.**」

（私はラズベリービネガレットドレッシングが好きです）

　すぐに OK と言う前に、もう少しいろいろ聞いてみましょうか。

「**Is it a big portion? I can't eat very much.**」

（それは量はどのくらい？　あまりたくさんは食べられないの）

「**Then you might like to try our grilled salmon salad. It is nice and light.**」

（それなら、サーモングリルサラダはいかがですか？　美味しくてさっぱりしているので）

「**Would you recommend a glass of white wine?**」

（グラスでいただける美味しい白ワインを何かおすすめしてくれませんか？）

「**We have very nice Chardonnay from California.**」

（カリフォルニアの美味しいシャドネーがありますよ）

「**Is it sweet?**」

（甘いですか？）

「**No, it is fruity, but not sweet.**」

（いいえ、フルーティーですけれど、甘くはありません）

　こんなふうにお店の人の意見をいろいろと聞いてみるのは、楽しいものです。毎日そこで働いている人がすすめるものは、たいがいはずれがありません。

　とてもざっくばらんに、

「**What's good here?**」

（ここは何が美味しいの？）

　という聞き方もあります。でもかなりカジュアルな言い方なので、気取ったお店では使わないほうが無難。中西部の砂漠の真ん中をドライブしていて、見つかったダイナーに飛び込んだ。そんな状況で使ったらぴったりの言い回しだと思います。

「**Our chili dogs are very popular.**」

（チリ入りホットドッグが評判ですけどね）

「**OK, I'll have two of those.**」

（じゃあ、それを２つね）

　こんなやり取りができるようになったら、ちょっと西部劇の主人公にでもなった気分にひたれるかもしれません。たまにエレガント路線をはずれて、あえてタフなキャラクターを演じてみたくなったときに、試してください。

シェアをするならお行儀よく

20・店員もうなずく一言

「We have to try everything.」

　ニューヨークには、年に2回、初夏と冬にNYCレストランウィークというすてきなものがあります。開催期間中、参加しているレストランではランチが24ドル、ディナーが35ドル（いずれも飲み物、税金、チップは別）で、前菜、メイン、デザートの3コース（ランチは2コースのみ）を食べさせてくれるのです。

　このレストランウィーク用の特別メニューは、品数はそれほど多くはありません。前菜、メインディッシュ、デザートそれぞれ3、4種類の中から選ぶという感じです。

　友だちと違う料理を頼んでそれぞれ試食したい。こんなことを考えるのは、日本人だけではありません。

　やたらと味見をし合うのは日本人だけ、と書かれている本もありますが、少なくとも北米では、特に若い人たちはお互いの料理を味見し合っている光景を普通に見かけます。

「And we are going to share everything.」

（そして、私たちはすべてシェアします）

　オーダーの最後に、こう一言加えると、ウェイターも心得たもので、しっかり頷いてくれます。気が利いたお店

なら、取り皿を別に用意して、お料理はすべて真ん中においてくれるでしょう。追加で取り皿が欲しければ、「**May I have an extra plate?**」（余分なお皿をもらえますか？）。

さて、味見し合うのは恥ずかしいことではありませんが、大切なのは行儀悪く見えないよう、手際よくやることです。

食べていたメインディッシュを丸ごと交換する場合は、スマートにこなすコツがあります。2人で同時に、お皿をよっこらせと持ち上げてはいけません。まずさりげなく、2人の間にあるキャンドル、バター皿などを横によけます。そして1人が、自分のお皿を両手でテーブルから10センチほど持ち上げてください。その間にもう1人が、テーブルの上を滑らせるようにして、自分の皿を相手のお皿の真下にするりと移動させます。最後に、持ち上げていたお皿を移動させて、完了です。落ち着いて、素早く！

こんな最中に、間が悪くお水をつぎ足しに来たウェイトレスと目が合ってしまったら？

「**We had to try everything.**」（どれも食べてみたかったんです）と、茶目っ気たっぷりに言いましょう。

「**Of course, you must!**」（もちろんですとも！）

と頷いてくれるに違いありません。手際よくきめる自信があれば、かなり高級なお店でやっても大丈夫です。

デート相手のお皿が気になったら…

「That looks wonderful.」

　もし相手が異性だったら、どうでしょう。それも初めてのデートだったなら、なかなか「一口ちょうだい」とも言えません。

　もしかすると、お料理などどうでもよくなってしまうほど緊張してしまうかも？

　いいえ、私ならデートの相手がジョニー・デップでもない限り、やはり相手の食べているお料理が気になります。一度、お隣のテーブルでアル・パチーノが食事をしていたことがありますが、何を食べているのか横目でしっかりチェックしてしまいました（美味しそうな骨付きのお肉でした）。

　目の前にいる、初めてのデートの相手の食べているものが、たまらないほど美味しそうに見えたらどうしましょう。いきなりフォークを伸ばしてグサッなんてやったら、次のデートは絶対にないものと覚悟してください。

「**That looks wonderful. What did you order?**」

（まあ美味しそう。何を頼んだの？）

　優しい声で、そう言ってみましょう。

「**This is veal. Would you like to try?**」

（仔牛の肉だよ。食べてみる？）

　普通はこんな答えが返ってくるはず。

　万が一、「**This is veal.**」で終ってしまう男性がいたとしたら、私だったらデートの相手としておすすめしません。

　逆に、自分が食べているものに相手が興味を示したとします。

「**Would you care to try?**」

（よかったら食べてみる？）

「**Would you like to taste it?**」

（試食してみます？）

　この場合の「**Would you care to ～**」には、「もしあなたの気が向けば」というへりくだったニュアンスがあります。

「**Would you care to join us?**」

（（忙しいだろうけれど）もしよければ一緒に来る？）

　のように、覚えておくと便利な言い回しです。

　お肉のように大きなものだったら、取りやすいように一口大に切ってから、お皿ごと相手に近づけましょう。ナイフは口をつけるものではありませんから、あなたのを使ってかまいません。でも自分のフォークで相手の皿に載せるのは、もっと親しくなってからにしてください。

初デートでの注文の仕方

「What do you usually get?」

そもそも、女性がレストランで男性と同伴したときには、どのように注文をすればいいのでしょう? アメリカでは、「あなたにお任せ」「あなたと同じものでいいわ」という習慣は、ありません。

でも相手が選んだお店なら、まず彼にこう聞いてみましょう。

「**What do you usually get?**」

(いつもは何を頼むの?)

「**What do you recommend?**」

(おすすめは何?)

相手にさんざんおすすめを聞いてから、まったく違うものを頼むというのはちょっと失礼です。

もしあなたに好き嫌いがたくさんあるのなら、相手の意見は聞かずに、自分が食べられそうなものをさっさと注文してしまいましょう。

デートでウェイターに注文をするのは、通常は男性の役目です。ですから、食べたいものが決まったら、相手の男性に伝えます。

「**I think I'd like to have risotto.**」

（リゾットにしようかしら）

「**Sounds good. Would you like something to start with?**」

（いいね。前菜は？）

「**Oh, I'm not very hungry today.**」

（今日はあまりお腹が空いていないの）

「**Do you want to share a salad with me?**」

（ぼくとサラダを半分ずつにする？）

「**Sure.**」

（いいわ）

　デートでは唯一、相手のペースに合わせたほうが安全なのは飲み物です。

「**Anything to drink?**」

（飲み物は？）

「**What are you having?**」

（あなたは何を飲むの？）

「**I think I'll have a beer.**」

（ビールにしようかな）

「**I'll have the same.**」

（では私も同じもので）

　初デートでは、こんな感じが無難でしょう。相手がお酒を飲まないというのなら、あなたもソフトドリンクにとど

めておくほうがいいと思います。

　もともとピューリタンを祖先に持つアメリカ人は、アルコールに関してわりとストイックな感覚を持っています。酔っ払って人に迷惑をかけるのはもちろん、そもそも酔っ払った態度を人前で見せるのも、一人前の大人がやることではない、と考えられています。酔ってうっかり駅のベンチで寝てしまう、なんてことをやるのは、アメリカではホームレスの人だけ。だからあまり強くない人は、外で飲むのは自粛したほうが無難かもしれません。

　また西洋社会で女性が男性にお酌をするのは、プロフェッショナルのバーメイドだけです。デートでは相手のグラスが空になっても、知らん顔していてください。やたら手際よくワインボトルなどを持ち上げて相手のグラスに注ぐ女性は、どんな過去があるのだろうかと怪しまれてしまいます。結婚したカップルが家の中でやるぶんにはかまいませんが、レストランではおすすめしません。

　相手にお酌をしてもらうときは、グラスを持ち上げないこと。注ぎ終わってから、笑顔で軽く「**Thanks.**」と言えば十分です。

柔らかいニュアンスになる、
ちょっとした言い回し

「I think」は「私はこう思う」、「I guess」は「〜だと推測する」、日本の学校では、そのように教わりました。

ですが実際にアメリカに来てみると、この２つには違った使い方もあることに、気がつきます。

アメリカ人はこの２つの表現を実によく使いますが、その使い方はこんな感じです。

「I think I'm going home now.」

（そろそろ家に帰ります）

「I'll have a glass of wine, I guess.」

（ワインにするわ）

家に帰るのも、ワインを頼むのも決めるのは本人。それなのに「私は家に帰ると思う」とか「私はワインを飲むと推測する」なんて言い方は、一見おかしなものに感じます。自分がワインを飲むか飲まないのか、そんなことも推測しないとわからないの？　と。

でもこれは、実はニュアンスを柔らかくする言い回しなのです。たとえば最初の文から I think を取ると、こうなります。

「I'm going home now.」

（これから家に帰る）

会社を出るときなどは、これでもまったくかまいません。

でも友人仲間などで楽しく食事をしていたときに、いきなりこう言うと、ちょっと唐突な感じがします。声のトーンによっては「もう帰る!」と、何か気に障ることがあったかのようなニュアンスにもなりかねません。

「I think」を加えることにより、「そろそろ帰ろうかなあ」と断定的ではない、柔らかな言い方になります。

「I guess」のほうはもう少しカジュアルです。

「I'll have a glass of wine.」

これでもまったく問題はありません。でも「I guess」を加えることによって、「ワインにしようかな」という、ちょっと柔らかいニュアンスになります。日本語でも、「私はワインにする」あるいは「私はワインにしようかなあ」と、そのときの気分によって使い分けるのと同じです。

「Would you like another glass of wine?」

(ワインをもう一杯いかが?)

「I guess so.」

(いただいちゃおうかしら)

こんな感じで使います。

クレームはエレガントに

「It is too sweet for me.」

アメリカのデザートは甘い、とよく言われます。

食文化が洗練されたニューヨークでも、一般的にケーキ類は日本のものよりも甘みが強いと思います。

逆に欧米人は、日本の和菓子を食べると甘すぎる、と言います。なるほど、羊羹や最中など、慣れない外国人にとってはびっくりするほど甘いかもしれません。

「It is too sweet for me.」（私には甘すぎるわ）

こんなセリフは、よく使われます。for me を入れると、「私個人の好みには」と、やや柔らかいニュアンスになります。

もっとも砂糖の分量は好みの問題で片付くけれど、塩分というものは国が変わってもそれほど極端に変わるとは思えません。人間の味覚が受け入れられる塩の適量というのは、ある程度は決まっているものです。

でもたまに、こんなことがあります。

日本人の友人が、ある日、ウェストビレッジのレストランに食事に行きました。ところが前菜で頼んだパスタが塩辛くて、とても食べられたものではなかったそうです。

「でも、ああいう場合、なんと言っていいのかわからなく

て」

　彼女は結局、水を飲み飲み我慢して、この塩辛いパスタを食べました。うーん、結局すべて食べてしまったという彼女の、血圧と腎臓が心配。

　シェフの手元が狂ったのでしょうか。

　あるいは、そんなに塩辛いパスタを好む人がいるのでしょうか。

　こんなとき、どうしますか？　黙って残す？　苦情を言いますか？

　レストランで、やたらと横柄な態度をとる人はエレガントではありません。でも味やサービスなどに問題があるのに、我慢する必要もありません。クレームをつけるにも、さらりと品良くいきましょう。

　もっとも直接的なのは、こんな言い方です。

「I'm sorry, I can't eat this.　This is too salty.」

（悪いけれど、これ食べられません。とても塩辛くて）

　かなり率直な言い方ですが、コツは声のトーンを柔らかく抑えること。そうすれば、きつくは聞こえません。また先に書いたように、**too salty** の後に **for me** をつけて、**This is too salty for me.** と言えば、「私には」というニュアンスが加わって、断定的ではない印象になります。

　「とても普通の塩辛さではない」というニュアンスを加え

るのなら、「This is way too salty.」というように too の前に way を入れると、意味が強調されます。この場合の way は、並外れて、という意味です。

「I was way off.」

（私はまったく見当はずれだったの）

「I was way too tired to go.」

（行くには、あまりにも疲れていたの）

　こんな風に使えるので、覚えておくと便利です。

　そこまでではないが、口に合わないというのなら、エクスキューズミー、と前置きをしてから、

「It tastes very salty to me. Is this supposed to be this way?」（とても塩辛く感じるけれど、こういうものなのかしら？）

　こんなとき、「ええ、こういうものです」というそっけない答えが返ってきたら、そこのレストランはサービス業失格。この場合の「Is this supposed to be this way?」（こういうものなのですか？）というのは、実際に答えを求めているのではないのですから。「ヘンだと思うんです」というメッセージを、柔らかく伝えているのです。

　きちんとしたお店なら、こういう答えが返ってきます。

「Let me bring it back to the kitchen.」

（ちょっと裏に持ち帰らせてください）

「**I will ask the chef.**」

（シェフに聞いてまいります）

　百歩譲って、それがその店にとっては普通の味だったとしても、大切なのは「あなたの口には合わなかった」という事実です。だからまともなレストランだったらこう対応してくれるはず。

「**May I get you some other dish?**」

（ほかのお料理をお持ちしましょうか？）

「**Would you like to order something different?**」

（何か別のものは、いかがですか？）

　ニッコリ微笑み、「**Thank you.**」と言って、堂々とメニューをもう一度見せてもらいましょう。こんな場合、普通は返したお料理はチャージされません（返す前にほとんど食べてしまっていれば、話は別ですが）。でも手間をかけた分、（こちらに非がないとはいえ）チップをはずんで多めに置いていくのが常識です。

特に夏場は観光客らで賑わう、
リトルイタリーのレストラン街。

ときには「彼」にまかせてみる

「Would you order for me?」

　さてウェイターがやってきたら、男性が2人分の注文をします。

「**The lady is having risotto, I'm having a steak. And we are splitting a salad.**」（彼女はリゾットで、ぼくはステーキ。サラダを2人でシェアします）

　She ではなくて、**The lady** なんて言われると、ちょっといい気分になります。

　でももしデート相手がまだ学生さんだとか、あるいは2人とも若くてデートといってもカジュアルな雰囲気だったら、各自で注文することになるでしょう。その場合、通常は女性が先にオーダーします。普通は男性が、あなたに「**Go ahead.**」（お先にどうぞ）と、うながしてくれます。

　もしこのとき彼が、先に自分の分だけさっさとオーダーしてしまったとすれば、よほど洗練されていないのか、社交的に不器用なのか、あるいは人付き合いが苦手な人かもしれません。デート中は、こうした相手の態度を通して、人柄を観察してください。

　ところで、最後に一つ変則技を。「あなたにお任せする

わ」という習慣は、アメリカでは通常ないと書きましたが、ごくまれに、そういう状況もあります。

　たとえばエスニック料理のお店に、その国のネイティブの人に案内されたとき。私がアメリカ人の友だちと日本食のレストランに行くと、よく、

「Would you order for all of us? We eat everything.」

（みんなの分注文してくれる？　何でも食べるから）

　こう言われます。これは、相手の好みをある程度把握して、気の置けない関係だから言えること。

　彼と少し親しくなってから、彼があなたを行きつけのお店に案内してくれたら、「Would you order for me? I want to try something different.」（私の分も注文してくれる？　何か新しいものを試してみたいの）と言ってみるのも、楽しいかもしれません。

「OK. Do you feel like meat or fish today?」

（いいよ。今日はお肉とお魚、どっちの気分？）

「I think I'd like fish.」（お魚がいいな）

「How about grilled tuna with peppercorns? That's my favorite.」（粒胡椒をつけて焼いたマグロは？　ぼくは大好きだけど）

「That sounds perfect.」（とても美味しそう）

　こんなやりとりをすれば距離感がぐっと縮まるでしょう。

＊レストランで店員に…

「Would you recommend a glass of white wine?」
（グラスでいただける美味しい白ワインを何かおすすめして
くれませんか？）

「We are going to share everything.」
（私たちはすべてシェアします）

＊食事中の会話で…

「I think I'd like to have risotto.」
（リゾットにしようかしら）

「I'll have a glass of wine, I guess.」
（ワインにしようかな）

＊出された料理にクレームつけるとき…

「I'm sorry, I can't eat this. This is too salty for me.」
（悪いけれど、これ、食べられません。私にはとても塩辛くて）

「It tastes very salty to me. Is this supposed to be this
way?」
（とても塩辛く感じるけれど、こういうものなのかしら？）

Chapter

5

カジュアルからフォーマルまで…
·····································
パーティーを盛り上げる
英会話

手料理には最大の賛辞を

「This is absolutely delicious!」

　中学生1年の春休み、サンフランシスコ郊外のアメリカ人の家庭にホームステイをしたことがあります。まだ英語などさっぱりわからなかった当時の私は、1年間中学校で習った単語をフル活用して頑張りました。

　それでも今思うと、穴があったら入りたいと思うような失敗をたくさんやらかしています。

　その一つが、テーブルでの会話でした。

　お世話になったホストファミリーのおかあさんは、とてもお料理が上手な人でした。毎日、工夫をこらした手料理でもてなしてくれたのです。でも当時の私は、どうほめていいのかさっぱりわかりませんでした。

「Does this taste OK?」

（味は大丈夫？）

　無言で食べている私に、心配そうにホストマザーが聞いてきます。

「Yes, OK.」（はい、大丈夫です）

　そう答えてしまった私。

　ごめんなさい。ホストマザーさん。本当は、素晴らしい

お味です、とっても美味しいです、と言いたかったんです。

「**Have you had this before?**」

（この料理を前に食べたことはありますか？）

「**Do you like it?**」（お口に合うかしら？）

　などとホスト側が心配げに聞いてくるときは、よほど気を揉んでいるときです。その前に、こちらからお料理をほめなくてはなりません。

　特に手料理を出されたら、すこし大げさなくらいにほめるのがマナーです。無言で食べていては、時間をかけて作ってくれたホスト側に失礼ですし、口に合わないのかと気を揉ませてしまいます。

　まずテーブルに出てきたお料理が美味しそうだったら、外見をほめる。

「**Wow, it looks beautiful!**」（まあ、すごい！）

　そして、食べてみてからは（くれぐれも、口の中のものをごっくんと飲み込んでから）、こんなふうにほめてください。

「**This is wonderful!**」（素晴らしいわ）

「**This is absolutely delicious.**」

（ものすごく美味しいです）

「**This is delicious.**」でもかまいませんけれど、**absolutely**（ものすごく）を入れると、さらに気持ちが込もった感じがし

ます。

「**This is excellent!**」（完璧なお味！）

「**You are a good cook!**」（お料理が上手ですね）

いずれも大げさなくらい感情を込めて、言いましょう。

もしかすると、実は手料理ではなく、どこからか取り寄せたものだったかもしれません。そんなときは、ホストマザーはちょっと照れくさそうにこう返してきます。

「**I cheated. This is take-out.**」

（ズルしたの。テイクアウトで買ってきたものなのよ）

そんなときは気まずい沈黙にならないよう、すかさずこうフォローします。

「**Good selections. It's delicious.**」

（選び方がうまかったんですね。美味しいです）

特に口に合わない場合でも、「**This is very good.**」くらい言うのが大人のマナーです。「**This is OK.**」とか、「**This is fine.**」という言い方は、お料理の場合には「まあ食べられる」程度になってしまうので、くれぐれも避けてください。

自宅に食事に招かれたのなら、何か持参するのがマナーです。ホストにあらかじめ聞いてみて、何もいらないと言われたらお花かワイン、ちょっとしたお菓子などを持参するのが無難でしょう。

おかわりのいただき方、断り方

26・少しだけほしいなら

「I'd love just a little more.」

　ホスト側に、おかわりなどを聞かれました。

「**Would like some more?**」（もう少しいかが？）

　ぜひいただきたい、というのをエレガントに言いたければ、こういう言い方がベストです。

「**I'd love some.**」（喜んで）

　ほんの少しだけ欲しければ、こういう言い方があります。

「**I'd love just a little more. Thank you.**」

（では少しだけ。ありがとう）

　では、もうお腹が苦しくて食べられない、という場合はどのように断りますか。「**No, thank you.**」はレストランでは問題ありませんが、個人のお宅で言うにはちょっと冷たくそっけなく聞こえます。カジュアルですが、友だち同士だとよく使われるのにこんな言い方があります。

「**Oh, I'm good.**」（私は、大丈夫です）

　もう満足しました、と簡単に表現する言い方です。

　もし、もう少し丁寧に言いたければ、こんな言い方もあります。

「**Everything was delicious. But I had plenty.**」（みんな美

味しかったです。でも、もうたくさんいただきました）

　もしも食後にデザートが控えていることが確実ならば、
こういう言い方もいいでしょう。

「**I'm saving a little room.**」

（少し隙間を残しておきたいんです）

　ついでに書いておきますが、日本人がよくやりがちなテーブルマナー違反は、何でも自分で取ろうとすること。

　私たちの感覚だと、食事中の他人を煩わせるのは申し訳ない気がして、ついつい自分で手を伸ばしてしまいます。でも食事している人の鼻先に手を伸ばすのは、とても失礼な行為とされます。食べている相手がちょっと一息ついたタイミングを見計らって、このように頼みましょう。

「**Would you pass me the salt?**」

（塩をとっていただけますか？）

「**Would you pass me the bread?**」

（パンをとってもらえますか？）

　自分が言われた場合は、「**Sure.**」とか「**Of course.**」と答えて取ってあげます。パンなどは、必ずお皿ごと渡してください。

　ちなみに **Salt** を取ってください、と言われたら、塩だけではなく、**Salt Shaker** と対になっている **Pepper Shaker**（胡椒入れ）も一緒に取ってあげるものなのだそうです。

"Ice Breaker" になろう

「I'm a friend of Sarah.」

パーティーに呼ばれたら、もっとも大切なのは楽しむことです。ホストにとってありがたい招待客とは、他のゲストとも気楽に会話をして、場の空気を和やかにしてくれる人です。

知らない者同士が、同じ部屋の中に集まると、最初は何となく居心地悪く、緊張感が漂います。先にあいさつや自己紹介などをして場を和ませ、この緊張感を取り除く役割をする人を、英語で Ice Breaker と言います。

あなたもできるだけ、Ice Breaker になってみましょう。にっこりと微笑んで、自己紹介をするだけでいいのです。

「Hello, I'm Akiko. I'm a friend of Sarah. 」（こんにちは。私はアキコです。（招待してくれた）サラの友人です）

「I'm Steve and this is my wife Teresa. I'm Sarah's younger brother. She told me so much about you.」

（ぼくはスティーブで、こちらは妻のテレサです。サラの弟です。彼女から、あなたのことをよく聞いていますよ）

「She did? I hope it was good.」

（そうですか？　良いことだといいけれど）

107

「**Of course, she always says how nice you are.**」（もちろん、いつもあなたに良くしてもらっていると言っています）

　ホストにいちいち紹介されなくても、パーティーでは率先して色々な人に声をかけてみましょう。それが礼儀でもありますし、英語を磨く良いチャンスです。

　何を話していいのかわからない？　難しく考えることはありません。

「**My name is Akiko. I'm visiting from Japan.**」

（私の名前はアキコです。日本から来ました）

「**Nice to meet you, Akiko. I'm Emily. I've never been to Japan, but I love Japanese food.**」

（お目にかかれて嬉しいです。私はエミリー。日本には行ったことないけれど、日本食は大好きです）

「**What kind of Japanese food do you like?**」

（どんな日本食がお好きですか？）

「**I love sushi. I can eat it every day.**」

（お寿司が大好き。毎日食べてもいいくらい）

「**Really? Then you must come to Japan someday.**」

（本当に？　それなら、いつか日本に来なくてはね）

「**I'd love to.**」（本当に行きたいんです）

　こんな、たわいもない社交会話で十分です。パーティーで人生哲学や教養などを披露する必要はありません。

ふさわしい話題の選び方

「Do you have family here?」

　パーティーは、できるだけ大勢の人たちと楽しく会話をするための場。ですからあまり深刻な話ばかり好む人、議論を好んでふっかけるような人は、変わり者扱いをされて敬遠されがちになります。

　特に、個人的な信念などに関わる政治と宗教の話はタブーとされています。それでもニューヨーカーは、気軽に大統領選の話などをパーティーでしていますけれど、あくまで熱くなりすぎないのがマナーです。

　また、あまり個人的に立ち入った質問をするのもマナー違反です。

「**How old are you?**」

（おいくつですか？）

「**Are you married?**」

（ご結婚なさっていますか？）

「**Do you have children?**」

（お子さんは？）

「**What do you do for a living?**」

（お仕事はなんですか？）

こんな質問は、初めて会った相手にいきなりしてはいけません。同じようなことを聞くのでも、遠まわしに聞けば失礼ではありません。

「**Have you lived in New York for a long time?**」

（ニューヨークには、長くお住まいですか？）

　年齢を気にしない人ならば、「**Almost ten years**」などと口にしますし、年齢にふれて欲しくない人ならば「**Yes, very long.**」と具体的な年数は避けるでしょう。

「**Do you have family here?**」

（こちらにご家族は？）

　もし既婚者ならば、

「**Yes, I live in Brooklyn with my husband and two daughters.**」

（ええ、ブルックリンに夫と２人の娘と住んでいます）

と答えてくれます。

　あまりプライバシーに立ち入られたくない人だったら、「**Yes.**」「**No.**」だけで短く答えてきますので、話題を変えてください。

「**What line of work are you in?**」

（どのような分野のお仕事ですか？）

　いきなり「**Where do you work?**」と聞くよりも、このような聞き方のほうが丁寧です。人によって、

「**I'm in real estate.**」

（不動産業です）

　というように答えたり、

「**I'm a computer engineer.**」

（コンピューターエンジニアです）

「**I work as an administrator at Columbia University.**」

（コロンビア大学の事務局で仕事をしています）

　と、少し詳しく話してくれる人もいるでしょう。

　いずれにせよ、どのくらい情報を出したいかは相手に任せる聞き方が好まれます。

「知ったかぶり」をしない

「I'm not familiar with it.」

　あまり英会話に自信がない場合は、最初にこう言っておきましょう。

「**I'm sorry, but my English is not very good.**」

（すみません、私は英語があまりうまくないの）

「**Your English is much better than my Japanese.**」

（あなたの英語は、私の日本語よりよほど上手ですよ）

　おそらくこんな答えが返ってきて、和やかな雰囲気になることでしょう。相手の言っていることが聞き取れなかったら、以下のような聞き返し方を使ってみましょう。

「**Sorry, would you repeat that again?**」

（ごめんなさい、もう一度言ってくれますか？）

「**Would you speak more slowly?**」

（もう少しゆっくり話してもらえますか？）

　学生同士なら、カジュアルにこういうこともあります。

「**Say that again?**」（え？　もう一度言って）

　でも大人だったら、

「**Would you repeat it one more time?**」

（もう一度、繰り返してもらえますか？）

このような言い方のほうが、エレガントです。特に英語に自信がない人ほど、丁寧な言い方をしたほうが、相手にも好感を持ってもらえます。

　一つ注意したいのは、知ったかぶりをしないこと。これは日本語でも同じですが、わからないことがあったら堂々と聞いたほうが好感を持たれます。誰にでも経験があると思いますが、ついついわからないことでも、笑いでごまかしてしまいがち。でもわかったふりは、絶対に相手にばれてしまうものと思って間違いありません。

　皆が笑っているのに1人だけわからなければ、無理に笑う必要はありません。いちいち聞いてみんなの会話を中断させるのが嫌ならば、黙っていましょう。

　1対1の会話のときは、きちんと聞きましょう。

「**I'm sorry, I don't understand.**」

（すみません、わかりません）

「**I don't know what it is.**」

（それが何なのか、知らないんです）

「**I'm not familiar with it.**」

（それには馴染みがないんです）

　何度聞いてもわからないこともあるでしょう。それでも、知ったかぶりをするよりもよほど知的に見えますし、人間的にも信頼できる人、という印象を与えます。

立食式なら軽やかに動いて

「Nice talking with you.」

　パーティーが立食式で部屋の中を移動できる場合は、ずっと同じ人とばかり話していないで、話が一段落したら動きましょう。もちろんいきなり立ち上がっていなくなるのは失礼なので、こんな具合で腰を上げます。

「Excuse me, I'm going to freshen up my drink.」
（失礼。ちょっと飲み物とってきます）

「I think I'm going to get some more food.」
（もう少し、食べ物をとってこようかしら）

「I'm going to check and see what's in the other room.
Nice talking with you.」（もう一つの部屋がどんな感じがちょっと見てきます。お話できて、楽しかったです）

　できるだけ多くの人たちと話すのがパーティーのマナーなので、あなたがそう言って立ち上がっても、相手の人は理解してくれます。

　部屋の中を少し動き回り、1人で孤立しているような人がいたら、話しかけてみてあげてください。知り合いが少ないパーティーで身の置き所がない思いをするのは、どこの国の人も変わりません。誰も気まずい思いをしないよう

心配りができるゲストは、パーティーホストにとっても何よりありがたい存在です。

　こんな席では、知り合い同士、日本人同士とばかり固まらないよう、気をつけてください。高校生などの仲良しグループを clique（クリック）と言いますが、身内でばかり固まる人たちは、cliquish（クリキッシュ）と言われて嫌われます。よそ者を受け入れない雰囲気を醸しながら群れる人たちは、精神的に大人ではない、とされているのです。

　また、魅力的な異性と意気投合した場合でも、一晩中ずっと2人でべったり一緒にいるのはパーティーのマナーに反しています。もしも相手にもその気がありそうだったら、

「**Can I get your email address?**」

（メールのアドレスをもらえますか？）

　などと言って連絡先を交換し、

「**I'd love to keep in touch.**」

（また連絡取り合いたいわ）

　と相手に伝えます。そして適当なところで他の人たちの輪に戻りましょう。

　2人の親交を深めるのは後日プライベートでゆっくりやってください。

社交辞令にしたくないとき

「We have to get together.」

（今度ゆっくりお会いしたいですね）

「I know. Let's do lunch.」

（ええ、ランチでもしましょう）

「Definitely. I'll call you.」

（絶対に。またお電話します）

　そう言いながら、次にこの人に会うのはいつになるかなあ、と思います。会えば楽しいし、積もる話もある。でも日々の雑用に追われるうちに、気がついたらまた半年くらいたってしまうのです。

「そのうち、ゆっくり飲みましょう」

　こんなあいまいな言い方をするのは日本人特有で、英語では通用しないという意見をどこかで読んだことがありました。でも、そんなことはありません。

　英語でも、上にあげたような社交辞令の常套句がしょっちゅう使われているのです。

　アメリカの暮らしも落ち着いてくると、人間という生き物は、国や文化が違っても考えることはそう変わらないことを実感します。だからこそ、名文学や映画が、国境を越えて人々の心に

共感を呼ぶのでしょう。アメリカ人だって遠慮もすれば、建前も言うし、角をたてないようにあいまいにすることもあります。

　ところで文頭の会話を社交辞令ですませたくない場合は、こう会話を進めていきます。

「We have to get together.」

（今度ゆっくりお会いしたいですね）

「Sure. Let's do it. When is good for you?」

（ええ、ぜひそうしましょう。いつにします？）

「How about next week?」

（来週はいかがですか？）

　そうして、お互いスマートフォンなどをポケットから出して日取りを決めます。

　さらに普通は前日くらいに、メールなどで連絡を取り合って確認します。

「Are we still on for tomorrow?」

（明日は予定通りでしょうか？）

「Definitely. Looking forward to it.」

（もちろん。楽しみにしています）

ホストへ感謝を伝えたいなら

「I had a lovely time.」

　パーティーのときに、お手伝いを申し出るべきでしょう
か。それはあなたと、主催してくれた人との関係にもより
ます。相手が気心の知れた親しい人だとか、ホームステイ
でお世話になっているおうちならば、手伝いを申し出れば
喜んでくれるでしょう。

　ビジネス上のお付き合いでパーティーに招かれたのなら、
手伝うことはまず期待されていません。ちょっと贅沢なパ
ーティーなら、シェフやウェイターもプロを雇う人たちも
います。そんな場合はもちろんお客さんに徹してください。

　一般的に、欧米ではホスト側の男性も実によく働きます。

　冬なら来客のコートを受け取ったり、飲み物のボトルを
開けてグラスに注いだりなどは、通常はそのうちのご主人
が担当します。

　また夏のバーベキューなら、グリルの前でお肉などを焼
くのは男性の役目です。奥さんだけが必死で走り回り、男
性たちはどっかり座り込んで飲むに徹するなんていう、一
昔前の日本のような光景はまず見かけません。そのためな
のか、招待客が手を貸すことは期待されていないようです。

　主催者側に男性のホストがいない場合は、招待客の中でもっとも親しい男性に、ワインを開けてもらうように頼んだり、ちょっとした重いものを動かしてもらったりなどすることは珍しくありません。でも招待された女性たちが何人もキッチンに立って一緒に皿を洗う、という習慣はありません。それでも一応はお手伝いを申し出てみると、感謝されます。

「**Can I do anything?**」

（何かお手伝いできることはありますか？）

「**Can I give you a hand?**」

（お手伝いしましょうか？）

　いずれもエレガントな言い方ですが、学生同士だったらもっとカジュアルでもかまいません。

「**Do you need any help?**」（手伝い、必要？）でも十分です。

「**No, you are a guest today.**」

（いいえ、今日はあなたがお客さんよ）

「**Thanks, but I think it's under control.**」

（ありがとう。でも大丈夫）

「**Only if you want to.**」（もし手伝いたいのだったら）

　欧米の習慣だと、パーティーに招かれたら大切なのは手伝うことよりも、感謝の意をきちんと伝えることです。

「I had a lovely time. Thank you for inviting me.」

（とても楽しかったわ。お招きありがとう）

「You have such nice friends.」

（お友だち、良い方ばかりですね）

「This was a great party. Thanks for everything.」

（楽しいパーティーでした。本当にありがとう）

　帰るときにはまず、このようにお礼を言います。かつては、帰宅後にあらためてサンキューカードを郵送するのが習慣でしたが、今ならEメールでも十分だと思います。心を込めて、とても楽しかったことを伝えましょう。

「I just wanted to let you know how much I enjoyed your party last night. Thank you so much for inviting me.」

（昨晩のパーティーがどれほど楽しかったか、改めてお知らせしたいと思いました。お招きいただいて、本当にありがとうございました）

　こんな感じで、簡単なもので大丈夫です。肝心なのは、すぐに書くこと。筆まめな人は、品格が感じられます。

どんなパーティーか確認すること

　日本でパーティーというと、かなりフォーマルなものを想像しますが、海外では必ずしもそうではありません。ホワイトタイとイブニングドレスの正装が要求されるフォーマルなものから、学生同士がジーンズ姿でビールの立ち飲みを楽しむものまで、どれも立派なパーティーです。

　誰かにパーティーに招かれたら、どのくらいの規模で、どのような種類のパーティーなのか確かめましょう。

「Is there a dress-code?」（ドレスコードはありますか？）

「No, it is very casual.」（いいえ、とてもカジュアルよ）

「Shall I bring anything?」

（何か持っていきましょうか？）

「No, just bring yourself.」

（いいえ、からてで来てください）

「If you want, you can bring some wine or beer.」

（もし気が向いたら、ではワインかビールなど）

「How many people are you expecting?」

（何人くらい集まりますか？）

「Probably around twenty people.」

（20人くらいだと思うわ）

＊パーティーなどで食事をほめるとき…

「You are a good cook!」
（お料理が上手ですね）

「Good selections. It's delicious.」
（選び方がうまかったんですね。美味しいです）

＊おかわりを聞かれたら…

「I'd love some.」
（喜んで）

「I'm saving a little room.」
（少し隙間を残しておきたいんです）

＊聞き取れなかったorわからなかったとき…

「Would you repeat it one more time?」
（もう一度言ってもらえますか？）

「I don't know what it is.」
（それが何なのか、知らないんです）

＊立食式のパーティーで…

「Excuse me, I'm going to freshen up my drink.」
（失礼。ちょっと飲み物をとってきます）

「Can I get your email address?」
（メールのアドレスをもらえますか）

「I'd love to keep in touch.」
（また連絡とり合いたいわ）

Chapter

6

ホテル＆ステイ先で心地よく過ごす

好感を持たれる
英語＆エチケット

トイレはノックしてはいけない

「I'll be right out.」

　中学生のときのホームステイ体験で、今でも忘れられない大きな失敗がありました。

　朝、閉まっていたバスルームのドアをノックしてしまったのです。髭剃りの最中だったおとうさんがドアをあけて、「**I'll be right out.**」（すぐ終わるからね）というようなことを（おそらく）言ったのでした。

　当時の私には、これがエチケット違反だったことがわかりませんでした。西洋の家庭では、使っていないバスルームのドアは少し開けてあります。ドアが閉まっているのは、「使用中」という意味になります。

　そんなことも知らずにノックしてしまった私は、よほど緊急事態だと思われたに違いありません。今思い返しても、顔から火が出そうです。優しいホストファーザーでしたから、文化の違いだろうと理解してくれたかもしれません。

　公共の施設のトイレの個室も、中に人が入っていない場合は自然にドアが開くつくりになっているものがほとんどです。そうでない場合は、赤か青の **vacant / occupied**（空き／使用中）のサインがノブの近くについていることもあ

るので、よく見ましょう。

　またデパートや劇場などでは、トイレの個室のドア下が
30センチほど開いているつくりになっている場合が多く、
いくら待っても中から人が出てこない場合は、並んでいる
人がちょっと遠くから足元をのぞきこんだりしています。

「**Is there someone in there?**」

（あそこ、誰か入っているかしら？）

　待っているもの同士で、こんな会話を交わしながら。そ
れでも、よほどの場合でなければノックはしません。

　空港などのトイレの個室はドアのたてつけが雑なので、
ドアの隙間から人影や中にいる人の洋服の色などが見える
こともあります。レストランなどのトイレは、単に内側か
ら鍵がかかるだけのところもあります。ドアを開けようと
しても鍵がかかっているので、使用中とわかります。個室
から人が出てきたら、ニッコリ笑って「**Sorry.**」と言って
ください。

　いずれの場合も、ノックをするのは最後の手段。

　ノックをされたら、日本のようにノックを返すという習
慣は、西洋にはありません。「**I'll be right out.**」（すぐ出ま
すから）と言うのが、もっとも一般的。え、もう少し時間
がかかりそう？　「**Just a minute, please.**」（ちょっと待っ
てください）でも、大丈夫です。

覚えておきたい「バスルーム」のマナー

「May I use the shower?」

ところで、英語ではお手洗いを **restroom** あるいは **Ladies' room**（男性用は **Men's room**）と呼びます。

飛行機などでは **lavatory**、英国では **Water Closet**（**WC**）や **Powder room** と呼ぶこともあるようです。米国ではあまり一般的ではありませんが、上品な年配のご婦人などがたまに使います。

公共の場所でお手洗いを探す場合には、以下のように言います。

「**Where is the restroom?**」（トイレはどこですか？）

「**I need to use the Ladies' room.**」

（お手洗いを使いたいんです）

注意しておきますが、あなたが女性で **restroom** と聞いた場合は、当然ながら女性用トイレの場所を教えてくれます。たとえばご主人や息子さんのためにトイレを探しているのだったら、「**Is there a Men's room?**」と具体的に聞かなくてはなりません。

個人の家だと、通常はトイレとバスルームが一緒になっています。ですから、

「May I use your bathroom?」

（バスルームを使わせてもらえますか？）

「May I wash my hands?」

（手を洗わせてもらえますか？）

　という聞き方がいいでしょう。

　ホームステイなどで泊めてもらっていて、トイレではなくシャワーまたはお風呂などを借りたい場合は、しばらくバスルームを占領することになるというのをわかりやすく伝えましょう。

「May I use the shower?」

（シャワーをお借りできますか？）

「May I take a bath now?」

（今、お風呂を使ってもいいですか？）

　と聞けば、すぐに理解してもらえます。

「Sure. Let me get you towels.」

（もちろん。タオルを出してあげましょう）

　わざわざ書くまでもないことですが、シャワーなどを借りたら、使ったあとで排水溝などに落ちてたまっている髪の毛をかならず始末してください。私たち日本女性の黒い髪の毛は、特に西洋人にとってはかなり存在感があるものです。トイレットペーパーで掬い取って、トイレに流しておけばいいでしょう。

ドアを閉めてはいけないとき

「If you need me, I'm here.」

　日本では、ドアは開けっぱなしにしてはいけない、きちんと閉めなさい、と躾けられます。その話をアメリカ人にすると、かなりびっくりされるのです。

　北米社会では、トイレに限らず、閉まっているドアというのは「**Do not disturb.**」（入らないで）というメッセージになります。ですから逆に、着替え中など取り込み中でなければ、ドアは少しだけ開けておくのがマナーなのです。

　よそのおうちに泊めてもらうのに、家にいる間はドアをびっちりと閉めているのは、ホスト側に常に「邪魔しないでください」というメッセージを投げかけていることになります。また日本人は外出時も、使っていない部屋のドアを閉めていきます。これもまた、「留守中に立ち入らないでください」というメッセージになります。お家を貸したホストマザーは、自分の家の一部を突然締め切られてしまい、ノイローゼ気味になる人もいるそうです。

　着替えるとき、寝るとき、あるいは電話でゆっくり話したいときは、ドアを閉めても少しも差し支えありません。

　でもそれ以外はドアを少しだけ開けておいてください。

そうすることで、「**You are welcome to come in.**」（どうぞお入りになってください）というメッセージとなり、ホストマザーにとって、気を揉む必要がなくなります。

これはオフィスの場合も同じです。あなたが例えば海外支社に派遣されてオフィスで個室を持っている立場になったとしましょう。その場合も、普段は個室のドアを開けておくのが普通です。開いているドアは、「**If you need me, I'm here.**」（必要でしたら、私はここにいますから）というメッセージを自然に流していることになります。

来客時、ミーティング、あるいは部下とプライベートに話す必要がある場合などのみ、ドアを閉めます。

ただし来客や部下が異性だった場合は、秘密厳守など特殊な内容の話し合いをする場合は別として、ぴっちりと閉めないで1センチくらい開けておくのがマナーです。欧米では、「**Anything could happen behind closed doors.**」（閉じたドアの内側では、何があってもわからない）という言い回しがあり、密室状態に対してかなり神経質です。

ホテルでボーイさんなどが来た場合も、必ずドアのチェーン部分を起こすなどして、ドアが自然に閉じない状態にして入ってきます。親密ではない異性とは、密室状態にならないようにしておくのが西洋の一般の気配りなのです。

間違い電話の対処法

　まだ高校の寮に住んでいたときのこと。週末にお腹がすいて、
ピザの配達を頼むことにしました。まだ英語で電話をかけるこ
とに慣れきってはいなかったけれど、空腹には勝てません。携
帯電話もなかった当時、寮の公衆電話からピザ屋に電話をかけ
ました。

「Hello?」

　電話に男性が出ました。

「Yes, I'd like to place an order for pizza.」

（ピザの注文をしたいのですが）

「What kind would you like?」

（どの種類にしますか？）

「I'd like a large pizza with mushrooms and onions.」

（Lサイズでマッシュルームとオニオンをのせてください）

「OK.　Now, there is only one problem.」

（わかりました。一つだけ問題があるんですけど）

「Yes?」

（はい？）

「This is not a pizza place.」

（うちはピザ屋じゃないんです）

「Oh, I'm so sorry.」

（え、ごめんなさい）

「That's all right. Let me look up a number for pizza
　place.」

（いいんですよ。ピザ屋の番号を調べてあげましょう）

　それからその男性は電話帳を見て、ピザ屋さんの正しい電話
番号を教えてくれました。よほど退屈していたのか、外国人な
まりの英語で一生懸命ピザを注文していた私の相手をするのが
面白かったのでしょうか。

　こんなほのぼのした間違い電話の対処ができたらいいのです
が、普通はそうはいきません。

　身に覚えのない電話がかかってきたら、こう言います。

「I think you have a wrong number.」

（番号をお間違えと思いますけれど）

　逆に、自分がかけてしまった場合は、

「I'm so sorry.」

「I'm terribly sorry.」

　というように謝ります。相手からそう言われたなら、

「No problem.」

「OK.」

　というように答えてください。

大人の必修科目「ベッドメーキング」

「She is such a slob!.」

　ホームステイの場合、お部屋をきちんと整頓させておくことは、とても大切です。

　こう言うと意外に思われるかもしれませんが、一般的に欧米人は、日本人よりも整理整頓好き。いつどのようにして掃除をしているのかわからないのですが、きちんとした家庭なら、普段はインテリア雑誌に出してもおかしくないように整然としているのが「正常な状態」のようです。

　知り合いのジョアンナの家に行ったときに、ちょっとした用事があって娘さんのお部屋に入りました（もちろんドアは開いていました）。すっきりときれいに片付いているお部屋のベッドの上に、脱ぎ捨てたままのTシャツが1枚乗っていました。

「**She's such a slob!**」（本当にだらしないんだから！）

　ジョアンナのきつい調子に、私はもっと散らかっている自分の部屋を思い浮かべて、思わず首をすくめてしまったのです。そんな彼らは日本の家といえば、すっきりとして物がない茶室の床の間に、椿を活けた一輪挿しがかけてある、といったイメージを想像するようです。でも実際にそ

んな家で育った人は、おそらくほとんどいないのではないでしょうか。あふれる物に囲まれた暮らしのほうが、一般的な気がします。

「清潔好きの日本人」のイメージと、「整頓下手の日本人」のギャップが、時には外国人を驚かせるようです。

私も、高校の寮生活時代、ルームメイトだったマリアに怒られたことが一度ありました。その理由は私が朝、**bed making** をきちんとしなかったためでした。

蒲団（ふとん）の上げ下げをしない代わりに、西洋社会では **bed making** をします。**bed making** で検索すると、その段取りとコツがいくつも出てくるほど、西洋社会では大切なことです。

でも私に限らず、このベッドメーキングで育っていない日本人は、あまり上手にできない人がほとんどです。毎朝起きたらベッドをきれいに整えるという人でも、その整え方はほとんどの場合 **turn down** で、正確にいうと **bed making** ではありません。わかるでしょうか、この違い。

Bed making とは、日中ベッドをインテリアの一部として見苦しくないように整えること。シーツ、カバーをしわ一つなくきれいに伸ばすだけでなく、人によっては装飾用クッションなどを上に美しくアレンジして盛り上げます。シーツと枕は直接見えないようにしっかりとカバーされ、

たとえ来客が寝室に来たとしても、生々しい「寝具」という雰囲気はまったく感じさせません。

Turn down the bed とは、これらの余分な装飾クッションなどを取り除き、ベッドカバーのはしを枕が見えるまで少しめくり、すぐに人が寝られる状態にすることです。私たち日本人が普通に整えたベッドはこの状態です。

欧米のホテルではあまりにベッドメーキングが厳重にされていて、どこまでめくって中に入ればいいのか、慣れない人は戸惑います。シーツまで掘り出すことができずに、カバーと毛布の間に挟まって寝たという話を聞いたこともありました。

そんなことがないよう（というわけでもないと思いますが）、高級ホテルでは夕方になるとハウスキーピングのメイドさんがきて、「**Would you like me to turn down the bed?**」（ベッドをターンダウンしましょうか？）と聞いてくれます。

個人の家では、そこまで本格的な **bed making** でなくてかまいません。でも朝起きたらまず、ベッドをきれいに整えてください。乱れたままのベッドを人目にさらすのは、下着姿のまま人前に出るのと同じくらい恥ずかしいこと。私もマリアに、「朝5分早く起きてベッドメーキングして」と怒られたのでした。

ベッドメーキングの話が出たついでに、リネンの話を少しししましょう。欧米に旅行に来た際の買い物で、一つおすすめしたいのはリネン類と呼ばれるシーツ類です。日本よりも断然種類が多く、様々なデザインから選べます。

　こちらのリネン類のサイズは、**twin**、**full**、**queen**、**king**の４つに分けられていて、通常の日本のシングルサイズなら、**twin**になります。もっとも住居空間に余裕のある北米では、大人ならたとえ独身でも**full size**以上のベッドを買うことが多いため、**twin size**のデザインの多くは子供、あるいはティーンネイジャー用です。

　シーツには、**fitted sheet**と**flat sheet**があり、前者はマットレスにすっぽり被せるように四隅にゴムが入って加工された、敷くためのシーツ。後者は日本のシーツと同じく、平面的な普通のシーツ。ベッドではなくお蒲団で使用するなら、**flat sheet**を選んでください。

　この**flat sheet**は端を折り込んで敷くためにも使えますが、通常は毛布などが汚れないように、毛布や蒲団と体の間にはさんで使うかけるためのシーツです。日本では蒲団カバーが発達しているためか、このかけるほうのシーツを利用する習慣はありませんが、使ってみるととても便利なものです。

＊**公共のトイレについて**

「Where is the restroom?」
（トイレはどこですか？）

「I need to use the Ladies' room.」
（お手洗いを使いたいんです）

「Is there a Men's room?」
（男性用トイレはありますか？）

＊**訪問先・滞在先でバスルームを使うとき＆その答え**

「May I use your bathroom?」
（バスルームを使わせてもらえますか）

「May I wash my hands?」
（手を洗わせてもらえますか？）

＊**間違い電話を受けたorかけたとき…**

「I think you have a wrong number.」
（番号をお間違えと思いますけれど）

「I'm so sorry.」
（たいへん失礼しました）

「No problem.」
（だいじょうぶですよ）

Chapter

7

上司・部下・仕事相手と…

違いが出る
ビジネス英会話

「オフィス英語」と「学生英語」は区別して

「Good morning, Mr. Jones.」

　学生英語と、社会人英語はかなり違うことを、ご存知でしょうか?

　英語には丁寧語がない、と思い込んでいたら大きな間違い。日本語ほどではないにせよ、社会人にふさわしい言い回し、逆にふさわしくない言い回しというものがたくさんあります。

　ここをしくじってしまう人は、実はある程度英語を話せる留学体験者にすごく多いのです。

　短期も含めると、日本人の留学体験者はとても増えました。でもその中で、欧米資本の会社に就職をして、英語がネイティブの上司に鍛えられた経験を持つ人はごくわずか。

　英語を使う仕事でも、日系企業に就職したのでは、このような社会人英語は気をつけないと一生身につきません。取引先の欧米人は、よほど個人的に親しくない限り、「その英語は失礼だよ」とは指摘してくれないからです。

　留学体験者、あるいは帰国子女などで発音もネイティブなみと日本企業が安心して雇用し、海外へと交渉に出す「バイリンガル」の人物は、実はカジュアルな学生英語しか話

せずに、相手の失笑をかったという話は少しも珍しくないのです。

　たとえばごく単純なあいさつでも、「**Hi.**」とか「**Hey.**」など、まして一時やたらと流行った「**What's up?**」などは、学生英語ですから、職場では使いません。

　上司やクライアントにはこう言いましょう。

「**Good morning, Mr. Jones.**」

「**Good morning, Kathy.**」

　このように、あいさつの後には必ず相手の名前を最後につけます。それによって、きちんと相手を認識していること、節度のある親愛感などを表現するのです。

　あいさつする相手が同性ばかりで複数だった場合は、こう言います。

「**Good morning, gentlemen（ladies）.**」

「**Gentlemen, ladies**」と口にするのはちょっと照れくさいかもしれませんが、そうつけただけで、ぐっと知的な響きになります。

　では相手が男女入り混じっていた場合は？

「**Good morning, ladies and gentlemen.**」

　もう少し簡潔に、「**Good morning, everyone.**」でも大丈夫。単に **Good morning.** だけよりも、こうして対象を認識した言葉を加えると、あなたが自信のある大人だという印象

を与えます。

　ちょっと軽く会話を持ちかけるのなら、一言このように付け加えるのも良いでしょう。

「**How are you this morning?**」

「**I'm doing great, thanks. How are you?**」

　休み明けならば、こう付け加えることもできます。

「**How was your weekend?**」

（週末はどうでしたか？）

「**Oh, it was very nice. Thank you. How about you?**」

（とても快適でした。ありがとう。あなたは？）

「**It was wonderful. I rested well.**」

（すばらしかったわ。ゆっくりしていました）

「**I'm sure you needed it.**」

（きっとお疲れだったのね）

　特別に親しい相手でない限り、職場でのあいさつはこの程度で切り上げておきます。

　週末のことを聞かれても、あまり個人的な話を長々とすることはありません。あくまでも社交辞令の会話として、さらりと流すのが普通です。

ファーストネーム？　ミスターorミセス？

37・敬称に迷ったら

「How would you like me to address you?」

　北米では仕事でもカジュアルにファーストネームを使う人も少なくありません。でも最初のうちは、ミスター、ミセスあるいはミスを使うのが、安全です。

　マンハッタンの大手法律事務所で働くスーザンは、新入社員が入ってきたときに、上司をミスターで呼ぶと育ちの良さを感じる、と言います。でも彼女によると、アメリカ人の間でも、基本的な礼儀をわきまえない若い人が増えているそうなのです。

　ある年末の日、スーザンが眼鏡屋に行きました。検眼のために順番を待っていると、ドアが開いて若い女性の医師が手元のカルテを見ながら次の患者さんを呼びました。

「David!」

　立ち上がった黒人の年配の男性は、ちょっと当惑したように周りを見渡して、間違いなく自分のことだとわかると診察室に入って行きました。スーザンは「この人、見たことあるわ。誰だったかしら」と咄嗟に思いました。なんと、1990年から1993年までニューヨーク市長を務めたデイビッド・ディンキンスだったそうです。

その若い女医は、おそらくディンキンス市長のことを知らなかったのでしょう。でもたとえ元市長でなくても、父親のような年齢の初対面の患者をいきなりファーストネームで呼ぶとは、とスーザンは憤慨しました。

　診察室から出てきたディンキンス元市長に、スーザンはこう声をかけました。

「Happy Holidays, Mayor Dinkins. It's nice to see you.」

（ディンキンス市長、良いホリディを。お目にかかれて嬉しいです）

　北米ではこのように、大統領や市長などを一度務めた相手には、本人に対しては一生その肩書きで呼びかけます。

「Thank you very much. Happy Holidays to you, too!」

　85歳になるディンキンス元市長は、スーザンの丁寧なあいさつに嬉しそうにそう答えたそうです。

　相手がもしファーストネームで呼んで欲しいと思えば、このように言ってきます。

「Please call me David.」

（どうぞデイビッドと呼んでください）

　それまでは、敬称プラスラストネームで通してください。

「How would you like me to address you?」

（どのようにお呼びすれば、いいですか？）と上司やクライアントには、最初に聞いておくのも良い方法です。

会社の電話は「Hello」とは言わない

「**Good afternoon. ABC Publishing.**」

ある程度英語が話せるようになっても、電話の会話というのはちょっと慣れるまで緊張するものです。

でも実はビジネス上の電話の会話のほうが、決まったパターンさえ覚えてしまえば、ある程度は予想がついて楽なこともあります。

基本は、受け答えをできるだけ簡潔に、わかりやすくすること。

オフィスで電話を取る場合、やはり「**Hello.**」とは言いません。日本でもきちんとした会社なら、かかってきた電話に「もしもし」と言わないのと同じです。通常、「**Good morning.**」あるいは「**Good afternoon.**」です。会社にかかってくる一般の電話なら、こう答えるのが普通です。

「**Good afternoon. ABC Publishing. May I help you?**」

このように、会社の名前を言います。

あなたがある程度の地位にいて、専用の内線を持っている場合は、会社名ではなく自分の名前を言います。

「**Good afternoon. This is Akiko.**」

すぐに相手に、電話に出たのは秘書ではなくあなた本人

であることが伝わります。自分のほうから電話をする場合、フルネームと会社名を伝えます。

「**Good morning. This is Akiko Tamura from ABC Publishing.**」

（おはようございます。ABC出版社のアキコ・タムラです）

「**Good morning, Akiko. This is Jennifer. How can I help you today?**」

（アキコ、おはようございます。ジェニファーです。今日はご用件は？）

そう聞かれたら、すぐに用件を明確に伝えること。

「**Yes, Jennifer. I'm calling regarding our meeting next week.**」

（ええ、ジェニファー。来週のミーティングの件でお電話しています）

「**Yes?**」（はいそれで？）

「**I know we planned it for Wednesday afternoon, but would it be possible to reschedule it?**」

（水曜の午後に予定していましたが、申し訳ないのですが、予定を変更していただくことは可能でしょうか？）

「**Sure. When would you like to meet?**」

（了解です。いつにしましょうか？）

「**Are you available sometime on Friday afternoon?**」

（金曜日の午後のご都合はいかがですか？）

「**No problem. How is two o'clock for you?**」

（大丈夫です。2時あたり、いかがでしょう？）

「**That would be perfect. Thank you. Sorry to trouble you.**」

（大変結構です。ありがとうございます。お手間をかけてすみません）

「**Not at all.**」（どういたしまして）

　このような場合には、なぜ予定を変更しなくてはならないのか言い訳を延々としたり、何度もくどくどと謝ったりはしないこと。かえって仕事中の相手の迷惑になります。

　よほど何か無理難題をお願いするのではない限り、「**Sorry to trouble you.**」あるいは、「**I'm sorry for the trouble.**」と一度言うだけで十分です。

快晴のマンハッタン、ミッドタウンのオフィス街。青空を背景に摩天楼が映える。

待ち合わせの時間

待ち合わせなどに対する時間の感覚は、その国の文化、民族によって違います。日本では仕事ならば時間厳守が当然ですが、私用で個人宅などを訪問するのであれば、5分くらい遅れるのが無難とされています。

北米も、白人社会ではあまり変わりません。ビジネスならオンタイム厳守、友人との待ち合わせならば、10分程度の遅刻は許容範囲内です。

几帳面な人なら、少しでも遅れるときは、

「Sorry, I'll be there in five minutes.」

（ごめんなさい、あと5分で着きます）

「I'm running a little late. Sorry.」

（ちょっと遅れています。ごめんなさい）

「I'm stuck in traffic. I'm three blocks away.」

（渋滞に巻き込まれちゃった。もうあと3ブロック）

というように携帯メールを打っておきます。

同じ白人社会でも、時間の感覚は国や民族によって違います。ドイツ人の友人は、必ず約束の5分前には来ています。彼いわく、ドイツ人よりも早めに来るのはフィンランド人とスイス人だけなのだそうです。欧州人でも、フランス、イタリア、スペ

インなどラテン系になるともう少しリラックス気味になります。

またアメリカ人の中でも、中南米出身のラテン系、アフリカ系の友人らは、かなり時間に関してはルーズ。不思議なことに、南方系の民族ほど時間には大らかになるのは、温かい気候の土地では人を待つことが苦にならないためなのでしょうか。

高校時代からの親友のセノビアはハーレムの中産階級の家庭に育った黒人ですが、唯一にして最大の欠点は約束の時間に遅れることでした。30分の遅刻は毎回。45分待たされたときは、さすがに切れました。

「I'm sorry. I had to get some work done.」

（ごめんなさい。ちょっとやることがあったので）

そう言って、けろりとしています。彼女自身、人に待たされてもまったく怒らない人なので、時間に遅れることは相手に失礼だ、ということを理解させるのが、一苦労でした。

「If you had told me that you couldn't make it until 3:30pm, I would have stayed home longer and gotten my work done.」

（3時半まで来られないと言ってくれていたら、家でもっと仕事を片づけることができたのに）

精一杯そう嫌味を言ってみたものの、暖簾（のれん）に腕押し。現在ではセノビアタイムと割り切って、こちらも15分遅れくらいでのんびりと行くことにしています。

込み入った話をスマートに切り出す

「I have something to tell you.」

　上司、同僚に少し込み入った話がある場合は、切り出し方が大切です。

「I need（have to）to talk to you.」

「I have something to tell you.」

　このような切り出し方は、やめてください。

　いずれも「話があります」という意味ではあるのですが、ちょっと思いつめたような印象を与えます。まるで男女間で別れ話を切り出すときのようなニュアンスがあり、相手はドキッとするでしょう。

　ちょっと相手の耳に入れておきたい、という状況ならばこんな言い方がいいでしょう。

「There is something I'd like to share with you when you have a minute.」（お時間のあるときに、お伝えしておきたいことがあります）

「to share with ～」というのは、物理的に何かを共有するという意味のほかに、「耳に入れておきたい」「知っておいてもらいたい」という意味があります。

「I have something that I'd like to discuss with you.」

（ちょっとご相談したいことがあります）

話を切り出す前に、必ずこのように聞いてください。

「Do you have five minutes now?」

（今、5分お時間ありますか？）

さらに丁寧に聞きたい場合は、こういう言い回しもあります。

「May I have five minutes of your time now?」

（今、5分ほどお時間いただいてもいいでしょうか？）

相手が部下ならば、もう少しカジュアルにこう聞くのもいいでしょう。

「Is this a good time to talk?」

（今、話してもいいかしら？）

都合が悪い場合は、このように言ってくるでしょう。

「Actually, I have to run to a meeting.」

（実は、今から会議に行かないといけないんです）

「OK. When would be a good time?」

（わかりました。いつならご都合がよろしいでしょう？）

「May I call you when I get back to my desk?」

（席に戻ってきたら、そちらにお電話してもいいですか？）

「That would be great. Thank you.」

（そうしていただけると助かります。ありがとう）

できる人は頼み上手

「Would you do me a favor?」

　仕事の依頼をする、あるいは部下に何かを頼むときも、少し言い方に気をつけるだけで、相手に与える印象はかなり違います。ちょっと面倒なお願いだったら、まず最初に打診をしておきましょう。

「Would you do me a favor?」

「May I ask you a favor?」

　どちらも丁寧な言い方で、相手に「頼みがあるのだな」という心の準備をする間を与えます。

　もしあなたが相手からそう言われたのなら、「Sure.」または「Of course.」というように答えます。

　部下に指示を出すのなら、以下の言い方で OK です。

「I'd like you to write a report on yesterday's meeting.」

（昨日のミーティングのレポートを書いて欲しい）

「I need you to arrange a meeting with the manager on Wednesday.」

（水曜日に、マネージャーとの打ち合わせをセットアップしてください）

　本来の仕事ではないけれど、ちょっと頼みたい。そんな

場合はこういう言い方が使えます。

「**Would you mind calling a taxi for me?**」

（タクシーを１台呼んでもらえますか？）

「**Would you mind 〜?**」という言い方は、「こんなこと頼んで悪いのだけれど」というニュアンスも込もっていて、恐縮した印象を与えます。

「**I'm going to the Starbucks. Would you like me to get you a cup of coffee?**」（これからスターバックスに行きますけど、ついでにコーヒー買ってきましょうか？）

「**Would you mind?**」（お願いしてもいい？）

「**Not at all.**」（もちろんですとも）

このように使えます。

「**Would you mind 〜?**」と相手から聞かれたときは、承諾のつもりで Yes と言わないよう、気をつけてください。「はい、迷惑です」という意味になってしまいます。

問題ない、と伝えるなら「**No,**」普通は「**Of course not,**」あるいは「**Not at all.**」などと答えます。

状況と語調によっては「**Would you mind?**」あるいは、「**Do you mind?**」が「文句ある？」という意味になることもあります。喧嘩を売るつもりがないのなら、あくまで恐縮した穏やかな声のトーンで言ってください。

お願い事をする相手が、上司やクライアントだったらも

う少し丁寧なお願いの仕方が適切です。

「**Would it be possible to have a meeting this afternoon?**」
（今日の午後、会議をすることは可能でしょうか？）

「**Will you be available to answer calls in case I have questions?**」（こちらから質問があった場合、電話に出られますか？）

　この「**Will you be available to ～**」も覚えておくと重宝する表現です。「何々することができますか？」という意味ですが、「**Can you ～**」の聞き方よりも、知的でプロフェッショナルな印象があります。「**I'm available.**」と言えば、「予定は空いていますよ」という意味になります。

　このような使い方をします。

「**Will you be available to fly to Chicago next week if this project comes through?**」（この企画がうまくいったら、来週シカゴに飛ぶことはできますか？）

「**I'm available this weekend if you need me to come in.**」
（この週末、もし出勤して欲しければ体は空いています）

「**I'm available all day tomorrow if you need me.**」
（もし必要なら、明日は1日空いていますから）

仕事相手の心をつかむ英語

41・思いやりが肝心

「**I'll try to make this as brief as possible.**」

　あるとき、グループディスカッションの進行係を頼まれました。

　世界中の一流スケーターたちがアイスショー出演のために来日しました。せっかくこれだけのメンバーが揃ったので、雑誌のためにディスカッション形式のグループインタビューをして欲しいとの依頼でした。

　でも彼らは前日到着したばかりで、その日は半日リハーサルをやってクタクタの様子でした。疲れているのに取材なんて、気乗りがしなかったことでしょう。そこで私は開口一番、こう言ったのです。

　「**I know everyone had a long and exhausting day. I will try to make this as quick and painless as possible.**」（皆さん、長く疲れた１日だったことは存じています。できる限り苦痛にならないよう、手早く切り上げるつもりですから）

　その瞬間、みんなの表情が和らぎました。手短に切り上げる、と伝えたことで安心したのと同時に、彼らが疲れていることを先取りして口にしたため、「彼女はこちら側の人間だ」という印象を与えることができたのでしょう。

ビジネスをしていく上で、大切なのは、この相手の心に同調し、立場を思いやる資質なのではないかと思います。

　これは日本人だけの特色ではありません。フランスのある都市で市庁舎のレセプションに招かれたときのこと。市長が「フランスには空腹の人間は話を聞かないという諺があるので、手短に」と前置きをしながら、25分間スピーチが続いたときは、趣味の悪い冗談だと思いました。彼らには、聞き手がどういう気持ちでいるのか想像する力がないのでしょうか。

「**Ladies and gentlemen, I know we all had a long day. If you would give me your attention for just ten more minutes, I will try to make this as brief as possible.**」（皆さま、今日は長い１日であったことと思います。もうあと 10 分こちらに集中してくだされば、ごく簡潔に終わらせます）

　会議などでプレゼンするとき、このように事前に一言いうだけで相手は「それなら、ちょっともう一息頑張るか」という気持ちに変わります。

「**I will try to make this as short as possible.**」

「**I will try to make this as brief as possible.**」

　どれもよく使われる言い回し。覚えておくと重宝します。

意見の相違をやんわり指摘する

「Unfortunately」

　仕事上で、相手と意見が食い違った場合、うやむやにしておくと後々こまったことになる場合もあります。

　でも頭ごなしに、「**No**」と言うのはいかにも社交的に洗練されていない、交渉下手な印象を与えます。アメリカ人にはイエス、ノーをはっきり言わなくてはならないとよく言われますが、その中にもきちんとした TPO があることを心してください。

「**I don't agree.**」（同意しない）

「**I disagree.**」（反対だ）

　などの代わりに、

「**We seem to have a different opinion about this.**」

（これに関しては意見が違うようですね）

「**Unfortunately I can't say I agree with you.**」

（残念ですが、同意しかねます）

　というような柔らかい言い回しをすれば、プロフェッショナルで同時に洗練された印象を与えます。

「**May I think about this a little more? I don't want to give you the wrong impression.**」

（これについてはもう少し考えさせてください。誤解される
のは嫌なので）

「**I need to give some thought to this. May I get back to
you?**」

（これに関して、少し考えなくてはなりません。こちらか
ら改めて連絡しても良いでしょうか？）

　その場で答えを出したくない場合は、このような言い方
をして、時間を稼ぎます。

「**I'm sorry to say that we won't be able to do it at this
time.**」

（残念ながら、今回はお役に立てません）

「**Unfortunately, our company policy won't allow it.**」

（残念ですが、我が社のポリシーでは許されていないんで
す）

　断る場合も、こうした言い回しなら相手を傷つけること
もなく、その後の付き合いに差しさわりが出ることもない
でしょう。

＊仕事の日程を変更してもらいたいとき…

「I know we planned it for Wednesday afternoon, but would it be possible to reschedule our appointment?」
（水曜日の午後に予定していましたが、申し訳ないのですが、予定を変更していただくことは可能でしょうか？）

「Are you available sometime on Friday afternoon?」
（金曜日の午後のご都合はいかがですか？）

「Thank you. Sorry to trouble you.」
（ありがとうございます。お手間かけてすみません）

＊込み入った話を切り出す

「Is this a good time to talk?」【カジュアルに】
（今、話してもいいかしら？）

「May I have five minutes of your time?」【丁寧に】
（今、5分ほどお時間いただいてもよろしいですか？）

「There is something I'd like to share with you when you have a minute.」
（お時間のあるときに、お伝えしておきたいことがあります）

「I have something that I'd like to discuss with you.」
（ちょっとご相談したいことがあります）

＊頼みごとをするとき…

「May I ask you a favor?」
（お願いごとをしてもいいですか？）

「Would you mind calling a taxi for me?」
（タクシーを１台呼んでくださる？）

「Would it be possible to have a meeting this afternoon?」（今日の午後、会議は可能でしょうか？）

「Will you be available to answer calls in case I have questions?」
（こちらから質問があった場合、電話に出られますか？）

＊意見の違いを指摘するとき…

「We seem to have a different opinion about this.」
（これに関しては意見が違うようですね）

「I need to give some thought to this. May I get back to you?」
（これに関しては、少し考えなくてはなりません。こちらから改めて連絡しても良いでしょうか？）

メール、SNS のコメント＆チャットで…

軽やかな
Ｅメール＆チャット術

肝心なのは「書き出し」と「件名」

「Tomorrow's meeting」

　かつては電話や郵便、ファックスなどでやりとりしていたことが、今ではすべてEメールで用が足りるようになりました。

　味気ないといえばそうですが、いったん覚えてしまったこの便利な生活、もう後戻りはできません。

　その便利なメールでも、つい英文を考えるのが億劫に感じてしまう、という人もいるでしょう。

　でもいったん書き出してさえしまえば、あんがい楽なものです。

　辞書をひく時間もあるし、発音も気にしなくて良い。英会話初心者には、電話よりもメールでのやりとりをおすすめします。

　さて書き出しを、どうしますか。

「Hi. How are you?」

　日本人のほとんどの人は、こう始めます。

　でも毎回これではいかにも語彙に不自由している印象を与えますし、面白くありません。状況に応じて、いろいろな書き出しを考えてみましょう。

友人へのメールなら、**Hi, James** と相手の名前を書いて行変えをし、いきなり本題に入ります。

「**It was great seeing you the other day.**」

（先日は、お会いできて楽しかったです）

「**It was nice catching up with you last week.**」

（先週は久々にお話できて、嬉しかったです）

Catch up というのは、近況を教えあうという意味で、よく使う便利な言い回しです。

食事をご馳走になったなどのお礼なら、このような書き出しになります。

「**Thank you so much for the lovely dinner last night.**」

（昨夜はすてきなディナーをありがとうございました）

デートのお礼のメールなら、こんな感じもいいでしょう。

「**I just wanted to thank you for the lovely time we had together.**」（一緒に楽しい時間を過ごさせてもらったお礼を言いたかったの）

ご無沙汰をしていた相手に久しぶりにメールを書くときは、最初にそのことを詫びます。

「**I'm sorry for not writing to you for so long.**」

（長いことご連絡しないでごめんなさい）

「**I hope everything is well with you.**」

（そちらはお元気でお過ごしだといいのですけれど）

もっと親しい相手なら、少しくだけた感じも親愛の情が込もっていていいでしょう。

「**I can't believe it's been almost six months since we spoke.**」（この前お話ししてからもう半年なんて、信じられないわ）

　あまり堅苦しく考えすぎずに、会話と同じように考えてよいと思います。

　こうして出だしを決めてしまえば、あとは何とかなるものです。

　出だしの次に大切なのが、件名です。

　件名は、最初にメールが入ってきたときに目に入る、大切なところです。新聞でいうなら、見出し、ヘッドラインとも言うべきもので、それによって緊急ですぐに読まなくてはならないのか、あるいは時間に余裕があるときでいいのか、決まります。

　単にご機嫌うかがいのメールなら、

「**Hi.**」

　あるいは、

「**How are you?**」

　でいいでしょう。

　何かの誘い、約束の確認だったら、一目でそうとわかるように、

162

「**Free on Sunday?**」

あるいは、

「**Dinner Friday**」

というように、短く、わかりやすくしてください。

久しぶりの相手になら、

「**This is Akiko**」

と名前を入れます。「おや、アキコか。久しぶり。どれ
どれ」と読んでくれる気になるでしょう。

でもひんぱんに連絡を取り合っている相手の件名に、毎
回名前が書いてあったらこまります。どのメールが何の話
だったか一目でわかるよう、工夫しましょう。

もしも仕事関係なら、件名は特に大切です。何のために
連絡をしたのかを、件名にしてください。

「**Tomorrow's meeting**」

「**Shipment for next week**」

「**Our next deadline**」

「**Reminder for this weekend**」

こうして件名をきちんと入れておけば、後になってから
仕事の内容などを確認するのにもとても役に立ちます。

相手から来たメールなら、同じ件名についての返答なら
そのまま変えずに返信します。

ビジネスメールに季節のあいさつは無用

「Hope this email finds you well.」

　仕事のやり取りでメールは実に重宝します。電話と違って、記録に残るのであとから見直して、お互いの条件に食い違いがないことも確認できます。それに相手が海外なら、こちらが夜に送信しておけば、寝ている間に返事が来ているという便利なものです。

　ビジネスメールの書き方は、ビジネスレターほど形式にこだわる必要はありません。大切なのは、要点をしっかりさせること。季節のあいさつ、前置きなどは必要ありません。

Subject: Meeting next week

Dear Jane,

I'm writing to confirm our appointment for next Monday at 2 pm. If there are any changes, please let me know.
　Thank you.
（今度の月曜日２時のアポイントメントの確認でご連絡をしています。何か変更があれば、お知らせください）

Akiko Tamura

こんな感じに、わかりやすく簡潔にまとめます。

日本だったら、「お世話になっております」「よろしくお願いいたします」などを入れますが、すべては「**Thank you**」に凝縮されて含まれているので、それ以上のものは必要はありません。通常、自分の名前の下に会社名と連絡先を入れます。

ビジネスのメールの出だしに「**Hi, how are you?**」と書くのは、おすすめしません。いかにも洗練されていない印象を与えます。

一言あいさつを入れたいのなら、

「**Hope this email finds you well.**」

と書きます。

「お元気でいらっしゃることと思います」という意味の決まり文句です。

SNSのコメント&チャットで好かれる英語

「So happy for you.」

　ソーシャルネットワークといえば、北米ならばもっとも一般的なのはやはりフェイスブックでしょう。友だちのページの投稿にコメントをするのは、英語の練習にもなりますので、積極的に書き込んでみましょう。

　書き込む際に大切なのは、できるだけわかりやすく、簡潔にすること。

　文法的に完成された文章でなくてかまいません。

　例えば、写真へのコメントはこんなものが一般的です。

「**Beautiful!**」（きれい！）

「**Wow.**」（すごい）

「**You look amazing.**」（あなた、ものすごくステキ）

「**Nice photo!**」（いい写真ね！）

「**Thanks for sharing.**」（見せてくれてありがとう）

　どこかに旅行に行く、というような投稿に関してだったら、こんな書き込みができます。

「**Enjoy!**」（楽しんで！）

「**Have a safe trip!**」（気をつけてね）

「**Safe flight!**」（飛行機が無事に着くように！）

「**Can't wait to see photos!**」（写真楽しみにしてます！）

　何か楽しいことの報告だったら、こんなコメントが適当です。

「**Sounds good!**」（楽しそうね！）

「**That's nice!**」（良かったわね！）

「**So happy for you.**」（嬉しい知らせね）

　ほんの一言のコメントでも、書き込まれると温かい気持ちになります。

　いずれも言葉の贈り物のつもりで、気前良く書き込んであげましょう。

　また最近の SNS 上では、チャット機能も充実しています。

　チャットは慣れると、とても便利なものです。最近では電話会社などの技術的トラブル対応にもチャットが使われています。

　ただ便利な反面、どのように終わらせて良いものか、そのきっかけをつかめずにこまることがあります。

「**Hi! Are you going to Veronica's party tonight?**」

（今夜のヴェロニカのパーティー行く？）

「**I think I will. And you?**」

（行くと思う。あなたは？）

「**I want to go, but don't know who else is going.**」

（行きたいけど、他に誰が来るのかなあ）

「I'm going. Sandra and Jacky said they'll go. I believe Tim is also going.」

（私は行くし、サンドラとジャッキーも、たぶんティムも来ると思う）

「Ok, sounds good. I'll be there.」

（それなら良かった。行くわ）

「See you later.」

（じゃあ後で）

「Yes, see you.」

（後で会いましょう）

　こんなふうに自然に終ればいいのですが、なかなかきっかけをつかめない場合は、こんな切り出し方もできます。

「OK, nice chatting with you. I have to run.」

（チャット楽しかった。もう行かないといけないの）

「Sorry, I have to go.」

（ごめんなさい。もう行かないと）

「All right. Enjoy your day!」

（わかった。楽しい１日をね！）

　基本的に、チャットは電話の会話の筆記バージョンと考えて間違いありません。ただ媒体の性質から、かなりカジュアルな文体が自然です。

仕事orカジュアルで使える締めフレーズ

「Many thanks,」

　メールの最後をどう締めくくるか、意外と頭を悩ませるものです。

　人によっては、文頭に「Dear ○○」も「Hi」もなし。最後の締めくくり言葉もなしで、用件のみメモ書きのように書いてくる人もいます。それでも用は足りますけれど、でもやはりちょっと味気ないような気がします。

　メールも手紙と同じように、ちょっとフォーマルに「Dear」で始めたら、通常は「Regards,」あるいは「Best regards,」などで終えます。「Cordially,」「Sincerely,」などはビジネスレターに使う締めくくり言葉ですが、メールという形態がそもそも略式なので、ちょっと堅苦しい感じがします。単に「Thank you,」あるいは「Many thanks,」くらいが丁度いいでしょう。

　気軽な友人同士のメールで、「Hi」からはじまったものならば、「Cheers」「Peace」「Big hugs」など。もっと親しい間柄なら、キスとハグの意味で xo と書くこともあります。

　もちろん、近々会う予定の人ならば、「See you soon!」でもいいでしょう。

Ｅメール・SNS etc…
品のよいネット作法

　私が翻訳した『現代版ルールズ』にはSNSやチャット、Ｅメールのやりとりに関するルールズが書かれていました。

　この本は基本的に好きな男性の心をつかむためのアドバイス本ながら、その基本には相手に自分を押し付けない、節度を保つ、女性としての品格を保つという、とても共感できる部分が多くあります。

　メールに関してもなるほどと同感したことがありましたので、ここでその内容の概要をいくつか紹介させていただきます。

　まず最初に気をつけることは、Ｅメールは下手をすると、長々と日記のように自分のことを書いてしまいがちなので、あまり長くならないように意識すること。

　また中には性格テストや面白い記事のリンク、YouTubeの映像リンクなどを送ってくる人もいますが、ルールズではこれらのことはいずれもトゥーマッチ、と書いてあります。

　私自身、リンクがコピーされて送られてきたメールは、よほど親しい相手からのものでなければ、見ることはありません。今の世の中、誰もが忙しいのですから、相手の時間的負担になるようなものを送らないようにするのが、粋な心配りだと思います。それほど親しくならないうちに、せっせとリンクなどを

送りつけてくる人は、きっと暇で孤独なのだろうなという印象を与えます。

　またあまり頻繁にメールを送って相手をうんざりさせない、というのも対象が男性に限らず当てはまること。

「Less is more」という表現が英語にありますが、少ないほうが価値がある、効果がある、というような意味です。メールも限られた文字数の中で、楽しく、温かく、あなたの言葉を伝えてください。

　快適なネットの使い方のコツは、基本的に普段の会話と同じだと思います。一方的な関係ではなく、相手もあなたとの交流を楽しんでいるか、つねに客観的な視点を失わないようにしましょう。空気を読めない人にならないように気を配ってください。

＊メールの書き出しに…

「It was great seeing you the other day.」
（先日は、お会いできて嬉しかったです）

「I just wanted to thank you for the lovely time we had together.」（一緒に楽しい時間を過ごさせてもらったお礼を言いたかったの）

「I'm sorry for not writing you for so long.」
（長いこと連絡しないでごめんなさい）

「I hope everything is well with you.」
（そちらはお元気でお過ごしだといいのですけれど）

＊メールの件名に…

「Free on Sunday?」（日曜日、時間ある？）

「Our next deadline」（次の締切について）

「Shipment for next week」（来週の出荷について）

＊SNSのコメントやチャットで…

「Thanks for sharing.」（見せてくれてありがとう）

「OK, nice chatting with you. I have to run.」
（チャット楽しかった。もう行かないといけないの）

「All right. Enjoy your day!」（わかった。楽しい1日をね！）

付き合う前、デートで、別れ方…

CLASSY な女性の
恋の英会話

恋愛指南の元祖『The Rules』に学ぶ

「Classy lady.」

　この章はおもに女性向けの内容です。もし英語を話す相手で気になる異性ができたなら、どうしますか？　『The Rules —理想の男性と結婚するため 35 の法則』（エレン・ファイン／シェリー／シュナイダー著 KK ベストセラーズ）という恋愛指南書を翻訳したことがあります。オリジナル版は 90 年代に世界数十ヵ国でベストセラーになり、日本でもテレビで取り上げられるなど、出版当時かなり話題になり、続編の『ルールズ 2』、既婚者用の『新ルールズ』、ソーシャルネットワークなどの使い方も含めた『現代版ルールズ』も出版されました。

　この本で説いているのは、恋愛では男性にリーダーシップを取らせる、というコンセプトです。恋愛達成までにちょっと苦労をさせるくらいのほうが良いそうです。簡単に思いのままになった女性は、いずれ必ず飽きられる、という当時としてはちょっとセンセーショナルな内容でした。

　賛否両論だったこの本ですが、ルールズを地でいくような状況に陥ったカップルをよく見かけます。

　この前も、こんなことがありました。知り合いのアメリ

カ人男性が、仕事で日本に駐在になりました。その数ヵ月後、恋人だった女性は仕事をやめ、ニューヨークのアパートも引き払い、彼を追って日本に来ました。こんなに早く進展させて大丈夫なのだろうか、と懸念していたら案の定。うまくいっていたのは最初の1、2ヵ月だけで、男性は「1人になりたい」と言い出し、なんと彼女を東京に置いたまま、台湾に旅行に行ってしまいました。

いいなと思った女性でも、あまりにもすぐに自分のものになってしまうと、男性はいずれ息苦しさを感じてしまう。だから恋愛のプロセスの初めは、女性から積極的な行動に出てはいけない、というのが『The Rules』の基本です。

海外で恋のアバンチュールに気軽に身を任せ、トラブルに巻き込まれる日本女性の話もたまに耳にします。

日本女性は魅力的だといわれる一方で、おとなしくて扱いやすく、簡単に思い通りになると思って近づいてくる西洋人の男性も、決して少なくありません。

1人の女性として本当に興味があるのか、単に「おとなしくて扱いやすいアジア人女性」と思って近寄ってくるのか、私にとっては重要なことです。

軽い女と思われるのが嫌なら、目指すべきは「**Classy lady**」（品格のある女性）です。それを念頭において、デートで使える英会話などを少し紹介してみましょう。

デートに誘われたら…受け方&断り方

「That sounds nice.」

　英語でのデートのお誘いというのは、どのように来るのでしょう？　これはあなたの年齢と、相手の社会的地位などにもよります。

　若い学生同士なら、こんな感じでしょう。

「**Do you want to go out sometime?**」

（今度、どこか行かない？）

「**OK. When?**」（いいわ。いつ？）

　相手もあなたも社会人なら、もう少し大人っぽい誘い方をしてくるかもしれません。

「**May I take you out for dinner sometime?**」

（そのうち、夕食にお誘いしてもいいですか？）

「**I'd love that.**」（喜んで）

　こうした、はっきりとデートらしい誘い方ではないこともよくあります。

「**I'm thinking of going to a museum this weekend. Do you care to join me?**」

（今週末、美術館に行こうと思うんだ。よかったら一緒に来る？）

承諾するには、以下のような言い回しがあります。

「That sounds nice.」

（楽しそうね）

「I'll be happy to join you.」

（よろこんでご一緒します）

　グループで誘われることもあります。

「We are going out to have a drink. Do you want to come with us?」

（これから飲みに行くのだけど、一緒に来る？）

「Sure. Sounds like fun. 」

（もちろん。楽しそうね）

　気になっていた相手にデートに誘われたけれど、その日は都合が悪い場合はどうしましょう？

「Oh, I wish I could. But I already have plans for that day. Another time would be nice.」

（まあ残念。行きたいけれど、その日はもう予定があるの。また別の機会にぜひ）

　こう言っておけば、相手を嫌いなわけではないという意志が伝わります。それで次のお誘いがなければ、残念ながらあなたを誘ったのは気まぐれな暇つぶしだったのだと思いましょう。

付き合う前の会話の心得

「Can I call you again?」

　さて、無事にデートにこぎつけました。何を話題にすればいいのでしょう？　どんな話をしますか？

　無難なのは、以下のような話題です。もっとも初デートであまり次々と質問攻めにすると、身辺調査をしているようですから、会話の流れで臨機応変に対応してください。

「**Did you grow up in this area?**」

（このあたりで育ったの？）

「**What did you study in school?**」

（学校では専攻はなんだった？）

「**Where did you go to school?**」

（どこの学校に行ったの？）

　この聞き方なら、場所で答えることもできますし、相手が言いたければ学校名で答えることもできます。また大学と特定していないので、相手に気まずい思いをさせることもありません。

「**Do you have any brothers or sisters?**」

（兄弟、姉妹はいる？）

「**Are you very close to them?**」

（仲いいの？）

「**What do you usually do on the weekend?**」

（週末はいつもどうしているの？）

「**Do you like sports?**」

（スポーツは好き？）

「**What kind of work do you do?**」

（どんな仕事をしているの？）

　パーティーで初対面の相手とする会話より、もう少し距離感を近くしてもかまいません。でもやはり、あまり根掘り葉掘りという印象を与えないよう注意しましょう。もちろん、あなたにも似たような質問が投げかけられることになるので、答える気持ちの準備をしておいてください。

　かなり親しくなってからなら、過去の恋愛など、多少個人的なことにも立ち入ってもいいでしょう。でも最初のうちはデリケートな話題は避け、たとえ相手から答えたくないことを聞かれても、適当にはぐらかしてもかまいません。

「**When was the last time you dated someone?**」

（前に誰かと付き合ったのはいつ？）

「**That's kind of a difficult question to answer. I go out from time to time.**」（難しい質問ねえ。デートはわりと定期的にしているけれど）

　こんな答え方をしておけば、あなたは適度に人気者であ

り、でも特にステディの相手がいるわけではないという印象を与えます。たとえあなたが最後に誰かとデートしたのが１年前であったとしても、律儀に教える必要などありません。

　相手があなたに真剣に興味がある場合は、以下のような質問をしてくるでしょう。

「**Are you seeing anyone?**」

「**Are you dating anyone?**」

　いずれも、現在、誰かお付き合いしている人はいるの？という意味です。特にいなければ、

「**Not really.**」

（いえ、別に）

「**Nobody special.**」

（特別な人はいないわ）

　と答えてください。

「**Can I call you again?**」（また電話してもいい？）

　そう聞かれたら、あなたを気に入ったということ。あとはお互いに様子を見ながら少しずつ、距離を縮めていきましょう。

ジャズクラブやバーでは大人の会話を

「That makes two of us.」

　ムードたっぷりのジャズクラブや、バーでデートすることになりました。そんな場所ではやはり、大人の女性らしい雰囲気のある会話を楽しみたいものです。

　まず大切なのは、やたらはしゃいだり、大声を出したりしないこと。

　そして飲み物の注文は、必ず彼にしてもらうこと。

　飲みすぎて、己を失わないこと。

　この3つさえきちんと守れば、あとの細かいことは心配せずに、リラックスして楽しみましょう。

　周りの騒音がかなり大きいところなら、会話は声を張り上げる代わりに、彼の耳元まで顔を少し寄せて話してください。

「**Do you like jazz?**」

（ジャズ好き？）

「**I love jazz.**」

（大好き）

「**That makes two of us.**」

（じゃあ、同じだ）

この「That makes two of us.」というイディオム、覚え
ておくと便利です。「Me, too.」というよりもちょっと親
密な雰囲気を醸し出しますので、親密になりたくない相手
には使わないほうがいいいでしょう。

　前にも書いたように、お酒を飲むペースは相手に合わせ
るのが無難です。

「Would you like another drink?」

（もう一杯どう？）

「Are you having one?」

（あなたはおかわりするの？）

「I think so.」

（そのつもり）

「Then I'll have another one, I guess.」

（では私ももう一杯）

　お酒に弱い人なら、「No thank you.」と言うよりも、「I'd
like to have a glass of club soda.」というようにアルコール
類をさけて、相手に付き合いましょう。

デートは終わり方が大事

「**Thanks, but probably not tonight.**」

さて、デートの終わりの時間が来ました。

その後の進展はどうなるのか？　それはもちろん個人によって違います。でも一般的に欧米人は、私たち日本人が想像するほど簡単に肉体関係を結ぶわけではないことを言っておきます。

真面目にお付き合いしたい人ほど、初めてのデートで気軽に最後までいってしまうということはないようです。それを一応頭に入れておいてください。

大学生くらいなら、早いうちにあっさりとこう誘ってくるかもしれません。

「**Do you want to come over?**」

（うちに来る？）

あるいはもっと大人なら、こういうお誘いもあるでしょう。

「**Would you like to come to my place for a night cap?**」

（食後酒、うちで飲みませんか）

「**Night cap**」というのは、食後の一杯の意味。ちょっとクラシックな、大人の言い方です。

もう少し相手と親しくなってから、と思うのなら、ここ
できちんと、でも優しく断ってください。まだ相手の身元
もよくわからない状態だったら、身の安全のためにもこと
を急いてはいけません。

「Thanks, but probably not tonight.」

（ありがとう。でも今日はやめておくわ）

　これであなたの気持ちははっきりと通じます。あなたを
女性として大切に思っている相手なら、あなたの意志を尊
重してくれるはずです。ここで無理強いしてくる相手は、
警戒したほうがいいと思います。

　そっけなく思われるのが嫌だったら、こう付け加えても
いいでしょう。

「I have an early day tomorrow. Maybe another time.」

（明日は早起きしなくてはならないの。また今度ね）

　デートの終わりには、お礼を言って、軽くキスをします。

　もう一度デートしてもいい、これから真面目にお付き合
いしてもいい、という相手なら、唇にしてもかまいません。

　でもこの相手とはちょっと無理かな、と思ったら、キス
はほっぺたにとどめておきます。相手の男性は、たいがい
それであなたの気持ちを察してくれます。

どうしてもピンと来ないなら…

「I hope we can stay friends.」

　少しお付き合いしてみたけれど、残念ながら真剣な関係になるのは難しい、と判断したとします。そんなときは、どんな断り方があるでしょうか。

「You know, I've been thinking about us.」

（あのね、私たちのこと、考えていたの）

　最初の切り出し方は、こんな言い回しがいいでしょう。「You know,」と前置きを入れることで、唐突な印象を薄め、これから言い難いことを口にすると相手に知らせます。

「I'm afraid this is not going to work out.」

（悪いけれど、うまくやっていけないと思う）

「You are a very nice person, but I think we should just stay friends.」

（あなたはいい人だけど、お友達でいたほうがいいと思う）

　あるいはこんな言い方もあります。

「I don't feel we communicate well.」

（私たち、どうもかみ合わないみたい）

「I hope we can stay friends.」

（友だちでいてくれるといいのだけれど）

Loveの言葉の重さを知ること

「I like you a lot.」

　日本語の「好き」と「愛している」の違いを、あなたはどう捉えているでしょうか？　人によっては、「愛している」なんて言葉は照れくさくて、一生口にしたことがないということもあるでしょう。

　英語の **like** と **love** にも、きちんとした線引きがあります。知り合いの女の子が、留学先で知り合ったデートの相手が気に入って、「あなたが好き」という意味で「I love you.」と口にしたそうです。

　でも英語の **love** は、恋愛においてはかなり真剣な重みのある言葉。相手は「まだそこまでの気持ちになれない」と、おそれをなして離れて行ってしまったそうです。

　恋愛の初期で相手に対する好意を表現するのなら、

「I like you.」

「I like you a lot.」

「I care for you.」

　このくらいの表現が適当です。恋愛が進展し、かなり真剣なお付き合いになって、初めて、

「I think I am falling in love with you.」

（あなたに恋に落ちそう）

「I'm in love with you.」

（あなたに恋をしてしまった）

というような表現が出てきます。カジュアルなデートから、これから2人で真剣にお付き合いをしていこう、という空気になったころです。

そして、「I love you.」というのは、すでに将来のことも話し合ったような関係に至って初めて出てくる言葉です。

逆に相手から、心の準備ができていないうちに真剣な愛を打ち明けられたらどうしましょう。

「I'd like to take a little more time to get to know each other.」

（もう少し時間をかけて、お互いのことを知りたいわ）

こんな答え方をすれば、あなたは真剣だけれど、また時間が必要だという誠意が伝わることでしょう。

子供や家族、友人などに親愛の情を示すときには、アメリカ人は気軽に「I love you.」と口にします。

でもいったん恋愛関係になったら、love は特別な意味のある言葉。口にするときは、それなりの重みがある言葉であることを理解してください。

「Beauty is only skin deep」に
ならないこと

　どれほど美人でお洒落でも、思いやりのなさが態度に透けて見える女性は、まったく不思議なくらい美しく見えないものです。

　先日、ある劇場のロビーで観光客らしい若い女性の大きめのショルダーバッグが、すれ違いざまに私にどしん、とぶつかりました。こちらがよろけるほどの勢いでしたが、咄嗟に謝ったのは私のほう。

「Excuse me.」

　どう考えてもこちらに非があったとは思えなかったのですが、自然に口からそう出ました。相手はアジア人の女性でしたが、日本人なのか、どこのほかの国の人なのかはっきりとはわかりません。

　驚いたことに、彼女は「すみません」も「エクスキューズミー」も口にすることなく、顔を思い切りしかめると、そっぽを向いて行ってしまいました。

　彼女は外出する前に、メイクにも服選びにもたっぷり時間をかけたと思います。でもこうした思いやりのない態度、意地悪そうな顔の表情は、垂れ流しの状態でした。もし私が男性だったなら、こんな彼女の姿を見たら百年の恋も瞬時に冷めたこと

でしょう。

　英語でこんな女性を「Beauty is only skin deep.」と形容します。容姿の美しさは表面のものに過ぎない、という意味の諺です。

　とは言うものの、私たちのほとんどは、常に天使のような心でいられるわけではありません。誰にでもたまたま機嫌が悪い日、というものもあります。

　でも何事も形からです。ポジティブな言葉、人を喜ばせるような言葉を意識して口にしているうちに、自然とそれが形になって、あなたの一部になっていくものです。

「A little kindness goes a long way.」

（ちょっとした親切でも、その影響力ははかりしれない）

　こんな諺が、英語にあります。

「goes a long way」を自分にもいずれ返ってくる、と解釈すれば、日本語の「情けは人のためならず」にちょっと似ているかもしれません。

　英語美人を目指すなら、まず優しい言葉を口にしてみる習慣をつけてみようではありませんか。

＊デートの誘い文句＆返事は…

「May I take you out for dinner sometime?」

（そのうち、夕食にお誘いしていいもいいですか？）

「I'm thinking of going to museum this weekend. Do you care to join me?」

（今週末、美術館に行こうと思うんだ。よかったら一緒に来る？）

「I'll be happy to join you.」

（喜んでご一緒します）

＊デート中の会話で…

「What do you usually do on the weekend?」

（週末はいつもどうしているの？）

「Are you seeing(dating) anyone?」

（だれかお付き合いしている人はいるの？）

「Not really.」（いえ、別に）

「Nobody special.」（特別な人はいないわ）

「I have an early day tomorrow. Maybe another time.」

（明日は早起きしなくてはならないの。また今度ね）

Chapter

10

こまった相手、苦手な質問、ビミョーな場面で…

ユーモアで切り返す
英会話

苦手な質問をさらりとかわすコツ

「I'm between husbands.」

友人のキャサリンはある日、日本人のクライアントと会食をしていてこう聞かれたそうです。

「**Are you married?**」（ご結婚は？）

ずいぶんストレートにきました。

普通はビジネス上のお付き合いの相手に、いきなり聞くような質問ではありません。ちなみにキャサリンは、離婚体験者。いわゆるバツイチです。

「**I'm divorced.**」（離婚したんです）と言ったら、相手は、これはまずいことを聞いてしまったと後悔するでしょう。

キャサリンは、澄ましてこう答えました。

「**I'm between husbands.**」

（今、夫と夫のちょうど合間のところです）

なんとみごとな答えでしょう。

この短いセンテンスで、キャサリンは離婚歴があること、今は一人だけれど、将来また再婚の意思があることをユーモアたっぷりに相手に伝えたのです。

その場の空気を凍りつかせることなく、さらりとユーモアで交わしたキャサリンのみごとな社交術でした。

西洋社会では、ユーモアのセンスは知性の証拠とされます。どんな状況でも、ユーモアを交えて話をできる人は、誰からも好感を持たれますし、頭の回転が速いと尊敬されます。

結婚歴、子供の有無、家族構成など個人的な話題は、親しい間柄でないと話題にしてはいけないことです。相手のほうからふってこない限り、こちらから口にするのはやめたほうが無難です。

特に年齢に関する話題には、気をつけてください。男女関わらず、北米では相手に年齢を聞くのは、お役所の手続きなど本当に必要な場合だけです。

でもたまに年齢を重視するアジア系の人や、悪気のない子供が好奇心でいきなり年齢を聞いてくることもあります。でも言いたくなければ、教える必要はありません。

やはり、ユーモアでさらりとかわしてしまいましょう。

「**How old are you?**」

「**How old am I? Good question. I'm too old to remember.**」

（私がいくつかって？　いい質問ね。年取りすぎて忘れちゃった）

相手が子供の場合は、そう言ってはぐらかしてしまうこともできます。

「I'm old enough to drink for sure.」

（もうお酒は飲める歳であることは確かよ）

　相手が異性だったら、そう言って笑い飛ばしてしまうのもいいでしょう。

「How old do you think I am?」（いくつだと思う？）

　と逆に質問するのは、若い人限定にしましょう。ある程度の年齢以上の人にそう言われると、実年齢より若いと言ってもらいたいのかな、と気を遣ってしまいます。

　日本女性は若く見られますから、若々しい45歳の女性が20代の男性に興味をもたれ年齢を聞かれた、なんて状況もあるかもしれません。嘘はおすすめしませんが、あまり早いうちにバカ正直に教える必要もないと思います。

「I never answer that question.」

（そんな質問には答えられません）

「You can't ask me that question.」

（そんな質問しちゃダメ）

　いずれも、下線の部分のイントネーションを大げさにつけて微笑みながらお茶目に言うのがコツです。

　結婚届を出す直前に奥さんになる女性が、10歳年上だと告白された友人がいます。ここまで引っ張るのはちょっと悪質ですから、真剣なお付き合いをするのなら、きちんと伝えておきましょう。

お誘いを失礼にならないように断る

「Oh, I can't make it that day.」

同性の友人たちからでも、お誘いをかけられるのは嬉しいものです。でもすべてお付き合いしていたら、時間もお財布の中身もなくなってしまう、ということもあるでしょう。

相手の気持ちを傷つけないよう、遠まわしに断る言い方はたくさんあります。

たとえばあなたは現代美術にまったく興味がないのに、ギャラリーのオープニングに誘われました。

「Do you want to go to a gallery opening?」
（ギャラリーのオープニングに行かない？）

こんなとき、「I'm not interested in contemporary art.」などとバカ正直に言う必要はありません。相手が好きなものを、自分は嫌い、とわざわざ口にするのはあまりいい感じを与えません。

「When is it?」
（いつですか？）

「Next Thursday evening.」
（来週の木曜日の夜）

「Oh, I can't make it that day.」

（あら、その夜は都合が悪いの）

　これで OK です。詳しく言い訳をする必要はありません。

　では日は決まっていない場合は、どう逃げましょうか。

「Do you want to go see the Phantom of the Opera sometime?」

（いつか「オペラ座の怪人」観に行かない？）

「Oh, I'm not big on Broadway.」

　この「I'm not big on 〜」という言い方は、「Not interested」よりも、柔らかい印象です。

「Do you want to go see the Yankees game?」

（ヤンキースの試合に行かない？）

「I'm not big on baseball.」

（野球はそれほど興味がなくて）

　こんな風に使えて、とても便利です。

　もう一つ便利な言い回しは、「I'm not 〜 person.」（私、何々向きの人間じゃないの）という言い方です。

「I'm not an outdoor person.」

（私はアウトドア向きじゃなくて）

「I'm not a beach person.」

（ビーチ向きではないんです）

　こんなふうに、色々と応用がききます。

ほめすぎてはいけないとき

「It's good, but it's too heavy for me.」

　ある友人がホームステイ先で、サンドウィッチを出されました。味は今ひとつでしたが「**Do you like it?**」と聞かれて、つい「**Yes.**」と答えてしまった。すると翌日から毎日のようにそのサンドウィッチが出てきて、本当にこまったそうです。

　日本人なら、いくら好きでも毎日同じものを食べ続ける人はあまりいません。でも食文化があまり発達していない国では、毎日同じものを食べる、という行為に抵抗がない人も多いのです。ホームステイで、彼女のような思いをした人は実は少なくありません。

　でも、好きか、と聞かれてノーというのは勇気がいります。こんな場合は、いくつか逃げる方法があります。

「It's good, but a little too heavy for me.」
（美味しいけれど、私にはちょっと重いです）

「I like it, but it is a little too spicy for my taste.」
（好きですけれど、私の好みよりも少し辛いです）

　ゲストとしてパーティーやディナーに招かれたなら、口に合わなくても適当にほめるのが礼儀です。でもきちんと

金銭的契約を交わしているホームステイの場合は、問題があればこちらから希望を伝えてもいいでしょう。

「**I'd like to eat more vegetables.**」

（もっと野菜が食べたいです）

「**I'd like a little more variety.**」

（もう少しバラエティがあるとありがたいです）

　では苦手なものはどうしましょう。とても最後まで食べられない、馴染みのないものを出されたとします。

「**I don't think I would be able to develop a taste for this.**」

（馴染むのは無理だと思います）

　こう言っておけば、無理にすすめられるということはないでしょう。

　食べ物以外のもの、たとえば洋服のお古などを好意で押し付けられそうになりました。好みのものではないので、角をたてないように断りたい。そんなときは、どうしましょう。

「**It's beautiful, but it's not my style.**」

（すてきですけれど、私のスタイルではないので）

「**Not my style**」というのは、とても個人的なことですから、それ以上無理にすすめられることはないでしょう。

恋のアプローチの上手なかわし方

「I have a boyfriend.」

　若い女性なら、海外旅行や留学中に、異性に声をかけられる機会は少なくないでしょう。

　そのすべてが、嬉しいお誘いならばいいのですが、世の中なかなかそうはうまくいきません。でも相手が礼儀正しい人ならば、失礼にならないように丁寧に断ってください。

「Would you like to go out sometime?」

（今度、どこかに行きませんか？）

「Thanks, but I have a boyfriend.」

（ありがとう。でも彼氏がいるんです）

　たとえいなくても、嘘も方便です。これがもっともよく効きます。たいがいの相手は、これであきらめてくれます。

　もしもたまたまその日の都合が悪いだけで、他の日ならばその気がある、という場合はこういう言い回しがあります。

「I wish I could, but I'm busy tonight.　Another time would be nice.」

（行きたいけれど、今夜は忙しいの。別なときにぜひ）

　こう言えば、相手にも「チャンスあり」のメッセージを

伝えることになります。そうして電話番号などを交換しましょう。

　ではまったく興味のない相手に電話番号を聞かれたら、どうかわしましょう。

「May I have your phone number?」

（電話番号もらえますか？）

「Why don't you give me yours?」

（そちらのをくださらない？）

　こう答えたら、あなたに番号を渡すのは気が進まない、という意思表示です。こう言われてダメ押ししてくる相手は、ちょっと鈍い男性。要警戒です。大人の男性なら、連絡を取り合うかどうかは女性側が決める、というあなたの意志を尊重してくれるでしょう。もちろん、その後あなたの気が変わってこちらから電話しても少しもかまいません。

　あるいは電話番号の代わりに、メールアドレスを渡すのもいいでしょう。

「Why don't we just exchange email addresses?」

（それよりメールアドレスの交換をしません？）

　特に電話での英会話にまだそれほど自信がなければ、ゆっくり考えて返事ができる、メールでのやり取りのほうをおすすめします。

　もし相手が強引だったり、不快に馴れ馴れしい態度を見

せる人だったりしたら、毅然と断りましょう。

「**I'm sorry. I don't think so.**」

（悪いけど、ダメです）

　この場合の **sorry** は、自分に非があるという意味ではありません。「お気の毒ですけれど」という意味なので、安心してください。

　どんな人からも悪く思われたくない、という気持ちは誰にでもありますが、優柔不断は最終的にはもっとも相手も傷つける結果にもなりかねません。ズルズルと逃げたり、ごまかしたりせずに、時にはきちんと自分の正直な気持ちを相手に伝えるのも大切なことです。

　自分を大切にする心（**self-esteem、self respect**）を持つ女性は、どこに行っても尊敬されます。これは万国共通のことですから、忘れないでください。

晩秋から冬にかけて設置されるロックフェラーセンターのアイスリンクは、人気のデートコース。

ためになる「タンゴの単語」

「It takes two to tango.」というイディオムをご存知でしょうか。何かが起きたときに、それは一人だけの責任ではない、あるいは一人の力でできたわけではない、という意味で、良い意味にも悪い意味にも使われます。

　そのタンゴを、10年ほど前に習い始めました。この10年の間に踊りだけではなく、人間関係など様々な分野で世界が広がり、多くのことを学びました。

　まず理解したのは、なるほど、どんなに頑張っても一人ではタンゴは踊れないということ。パートナーが必要なのです。

　どこの分野にも専門用語がありますが、タンゴにも独自の言い回しがあります。男女で踊るのが普通ですが、踊っているパートナーたちは man と woman ではなく、leader と follower と呼びます。その昔、アルゼンチンでは労働者の男たち同士で踊られた歴史もあり、今でも、場合によって同性同士で踊ることもあるからなのでしょう。

　そしてこちらが follower なら、必要なのは男性ではなくて leader。中には女性でもそこらの男性よりもうまいリーダーもいます。

　スペイン語の技の名前だけでなく、指導に使われる英語の表

現も独特です。

踊っていて何より大事なのは、follower は anticipate しないこと。合気道と同じように、相手から仕掛けてくるまで、無心で待たなくてはならないのです。leader のリードによってステップを踏んでいくのですけれど、気持ちに余裕がないと「次はこう来るか」「おそらく次はこっち」と先走りしてしまいます。

英語があまりうまくないうちのタンゴの先生は、あるとき、私をぴたりと止めてこう言いました。

「It's no NEXT. It is NOW.」

（次のことではない。今が大事なんだ）

何と心に残る言葉。英語は、最後は技術ではなくハートであると思い知らされるのはこんなときです。

私も明日の心配などせず、今を大事に生きようとタンゴに教えてもらったのでした。

初夏から秋までセントラルパークで開催される屋外ミロンガで踊る著者。

Photo by Ana Luiza Cortez

＊微妙な質問とその返答は…

「How old are you?」（何歳ですか？）

「I'm old enough to drink for sure.」
（もうお酒が飲める歳であることは確かよ）

「I never* answer that question.」
（そんな質問には答えられません）

「You* can't ask me that question.」
（そんな質問しちゃダメ）（*下線部を強調して茶目っ気たっぷりに）

＊誘いを断るとき…

「Do you want to go see the Yankees game?」
（ヤンキースのゲームに行かない？）

「I'm not big on baseball.」
（野球はそれほど興味がないの）

「I'm not an outdoor person.」
（私はアウトドア向きじゃなくて）

＊恋のアプローチを上手にかわしたい…

「May I have your phone number?」
（電話番号をもらえますか？）

「Why don't you give me yours?」
（そちらのをくださらない？）

「Why don't we just exchange email addresses?」
（それよりメールアドレスの交換をしません？）

おわりに

　15歳で日本を離れてから、もう40年以上も英語と日本
語のバイリンガル生活を過ごしてきました。でも「はじめ
に」にも書いたように、若い頃から米国に移住した私にと
っても、英語というのは気がついたら何となく身について
いたものではありません。その段階、段階でそれなりに努
力をしながら少しずつ自分のものにしていったのです。そ
の経験があるだけに、英会話と日本人というのは、私の中
で永遠のテーマの一つだと思っています。

　本書はもともと、『女を上げる英会話』というタイトルで、
女性向けの英語を中心に執筆したものです（四六判として
2013年7月に青春出版社から刊行）。文庫化にあたって内
容を見直し、女性のみではなく性別関係なく役に立つ内容
も多いことを編集者から指摘をいただき、改題して内容に
も少々手を加えました。

　それでも恋愛に関する章など女性向けに書いた部分も残
してあります。男性の読者は、ぜひ反対側から見た立場で
ご参考にしていただけたら幸いです。本書の中のコラムの
いくつかは、以前に『英語教育』（大修館書店）に掲載さ

せていただいたものに加筆したものです。

　本書を企画してくださった中山圭子さん、編集を担当してくださった手島智子さん、石井智秋さん、そして英文の校正を担当してくれた友人のスーザン・ミラノにこの場を借りて、お礼を申し上げます。

2019 年 11 月 30 日

ニューヨークにて

田村明子

青春文庫

ワンランク
品（ひん）のよくなる英会話（えいかいわ）

2020年1月20日　第1刷

著　者　　田村明子（たむらあきこ）

発行者　　小澤源太郎

責任編集　株式会社 プライム涌光

発行所　　株式会社 青春出版社

〒162-0056　東京都新宿区若松町 12-1
電話 03-3203-2850（編集部）
　　 03-3207-1916（営業部）　　　　印刷／中央精版印刷
振替番号 00190-7-98602　　　　　製本／フォーネット社
ISBN 978-4-413-09744-4
©Akiko Tamura 2020 Printed in Japan

万一、落丁、乱丁がありました節は、お取りかえします。

自分のまわりにいいことが いっぱい起こる本

「幸運」は偶然ではありません!

原田真裕美

自分の魂の声に耳を澄ましていますか? NYで予約の取れない人気サイキック・カウンセラーがお伝えする、自分で自分を幸せにする方法

超ラク! 速ワザ! エクセルの一発解決術

きたみあきこ

基本入力から関数までをカバー
自分史上最速で仕事が終わる
エクセル技を伝授します!

日本人なら知っておきたい 美しい四季の言葉

復本一郎

「桜狩」「山笑う」「蚊遣火」「草いきれ」
「風薫る」「ふくら雀」「沫雪」…
なんて豊かな表現なんだろう

図説 裏を知るとよくわかる! 日本の昔話

徳田和夫〔監修〕

「桃太郎」「猿蟹合戦」「浦島太郎」…
誰もが知ってる物語に驚きの発見が続々。
なるほど、本当はこんな話だったのか!

(SE-743)　(SE-742)　(SE-741)　(SE-740)